外国文学与理论
研究丛书

本书得到"中央高校基本科研业务费专项资金"资助。
（Supported by the Fundamental Research Funds for the Central Universities）
项目编号：2072021026

命运与抉择

萨特传记批评理论建构与实践

项颐倩 ———— 著

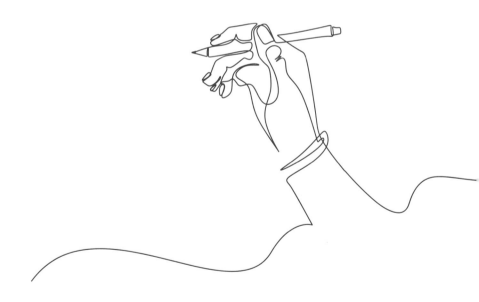

厦门大学出版社
XIAMEN UNIVERSITY PRESS
国家一级出版社
全国百佳图书出版单位

图书在版编目（CIP）数据

命运与抉择 ：萨特传记批评理论建构与实践 / 项颐
倩著. -- 厦门 ：厦门大学出版社，2024.12. -- （外国
文学与理论研究丛书）. -- ISBN 978-7-5615-9519-0

Ⅰ.B565.53

中国国家版本馆 CIP 数据核字第 2024N4S504 号

责任编辑　王扬帆

美术编辑　李夏凌

技术编辑　许克华

出版发行　厦门大学出版社

社　　址　厦门市软件园二期望海路 39 号

邮政编码　301008

总　　机　0592-2181111　0592-2181406(传真)

营销中心　0592-2184458　0592-2181365

网　　址　http://www.xmupress.com

邮　　箱　xmup@xmupress.com

印　　刷　厦门市金凯龙包装科技有限公司

开本　720 mm×1 020 mm　1/16

印张　8

字数　132 千字

版次　2024 年 12 月第 1 版

印次　2024 年 12 月第 1 次印刷

定价　46.00 元

厦门大学出版社
微信二维码

厦门大学出版社
微博二维码

目　录

导　言

萨特传记批评理论的意义

　　法国哲学家让-保罗·萨特(Jean-Paul Sartre)创立存在主义哲学体系是20世纪西方思想界的重大事件,法国20世纪上半叶因此也被称为"萨特的时代"。从本质上来说,传记批评是萨特存在主义思想的衍生物,更是萨特在文学批评理论方面的重要贡献。

　　萨特存在主义理论体系的第一原则是"存在先于本质"。这个著名论断指出,人的存在是首要的,然后人才能给自己下定义。萨特存在主义的另一个重要概念是"自由选择",其意味着人的存在包含着自由选择的权利,因而人要为自己的命运负责。萨特存在主义以这两点为基础,强调人的存在的重要性,并主张用整体性(totalité)的观念去理解和把握人的存在。为实现这一目标,萨特提出的方法论就是"存在主义精神分析法"(psychanalyse existentielle)。

　　"存在主义精神分析法"包含以下几个重要概念:"原始危机"(crise originelle)、"自欺"(mauvaise foi)、"原始谋划"(projet originel)、"他人"以及"渐进－逆退法"(méthode progressive-régressive)。萨特主张运用"渐进－逆退法"追溯人的童年,尽可能还原纷杂的人生事件背后隐藏的"原始危机"①,并揭示人的"原始谋划",以证明所谓命运就是自我选择的结果。同时,"存在主

---

　　① 萨特认为原始危机是导致个体做出原始谋划或原始选择(choix originel)的最初的那个精神危机。

义精神分析法"理论蕴含着萨特对"他人"①的理解,这也是深刻把握"存在主义精神分析法"内涵的关键。该方法是萨特存在主义哲学理论体系的研究方法,更是萨特作为文艺批评家的重要成就之一。

萨特将存在主义精神分析理论用于文学批评实践,先后撰写了《波德莱尔》(1947)②、《圣热内,喜剧演员和殉道者》(1952)③和《家中的低能儿》(1971—1972)④这三部研究作家的论著。这三部著作从传主生平入手,探寻他们童年所经历的原始危机,以及随之而来的人生谋划,进而挖掘他们与写作之间最隐秘的关联。这三部论著在法国传记批评史中具有重要地位,极大地丰富了传记批评理论的研究方法,开拓了文学批评的视野。

国内现有的对萨特传记创作的评论和研究中,冯汉津⑤、萧厚法⑥、周金生⑦、陈淇的⑧和江龙⑨等对存在主义精神分析进行了综合论述,总体性地概括了该文学批评方法的理论依据和操作方法;梅涛⑩、柳鸣九⑪和曹蕾⑫等从传主的角度入手对存在主义精神分析进行了专题研究;黄忠晶⑬则对萨特几部传

---

① 萨特在其论著中主要使用 autre,autres(该词是 autre 的复数形式)和 autrui 这三个词表示与主体相对的其他个体或群体的人,萨特并未对这三个词进行语义区分。本书依照现象学相关概念的中文表述,视具体语境交替使用"他人"和"他者"这两个表述。

② (法)萨特著,施康强译:《波德莱尔》,北京:北京燕山出版社,2006 年。

③ J.-P. SARTRE, *Saint Genet*, *comédien et martyr*, Paris, Gallimard, 2006.

④ J.-P. SARTRE, *L'Idiot de la famille*, *Gustave Flaubert de 1821à 1857*, Paris, Gallimard, 1988.

⑤ 冯汉津:《试论存在精神分析法文学批评的理论与实践》,《上海社会科学院学术季刊》1985 年第 4 期。

⑥ 萧厚法:《萨特存在精神分析法与文学批评》,《法国研究》1987 年第 4 期。

⑦ 周金生:《从精神分析到存在主义——"存在主义精神分析"简介》,《社会科学》1988 年第 11 期。

⑧ 陈淇:《萨特存在精神分析法文学批评初探》,《外国文学研究》1989 年第 3 期。

⑨ 江龙:《永远的童年——对萨特"拯救"情结的精神分析学描述》,《湘潭大学社会科学学报》2001 年第 4 期。

⑩ 梅涛:《存在精神分析法文学批评:萨特和"波德莱尔"》,《法国研究》1986 年第 4 期。

⑪ 柳鸣九:《严酷无情的自我精神分析——萨特自传:〈文字的诱惑〉》,《外国文学研究》1990 年第 1 期。

⑫ 曹蕾:《存在主义精神分析法对自我的解释——评萨特自传〈词语〉》,《荆楚理工学院学报》2011 年第 8 期。

⑬ 黄忠晶:《简析萨特传记作品的特点》,《辽东学院学报(社会科学版)》2007 年第 4 期。

记作品做了简要评述。国外尤其是法语国家对萨特的存在主义精神分析有较多研究。例如,菲利普·奥达[①]论述萨特如何以马克思主义和弗洛伊德的经验主义精神分析为基础建构其存在主义精神分析法;罗塞特·帕卡利[②]以"注视"为切入点探讨萨特和精神分析之间的关联;让-弗朗索瓦·罗艾特[③]的论著中有部分章节专门研究萨特对于波德莱尔、让·热内(Jean Genet)和福楼拜的存在主义精神分析;约瑟夫·卡塔拉诺[④]的专著论述了萨特存在主义精神分析法的具体操作问题;比莱尔·萨莱姆[⑤]的博士论文研究萨特如何重塑波德莱尔和让·热内的诗人身份。

纵观近年的萨特研究,对其传记批评的研究始终未能走入主流视野,这也正是本书力图弥补和突破的要点。本书从萨特传记理论的建构入手,分析研究萨特的三部传记作品,并探讨该理论对我国传记创作与传记批评的借鉴功能。本书主要包含以下三方面的内容:

第一章,采用理论归纳及横向对比的方法,探究和梳理萨特传记批评理论的源头及其内涵。首先讨论法国传记批评传统发展,以及目前国内传记研究的现状,证明本研究的必要性;其次,深度研究萨特所借助的"存在主义精神分析法"的内涵与实质;再次,明确萨特的精神分析与传统精神分析之间的关联,特别是萨特对弗洛伊德精神分析的批判与继承;最后,指出萨特在接纳了马克思主义部分理论的基础上所做的尝试,以及萨特传记批评方法实质上是向主体间性的迈进。

第二章,采用文本细读和理论演绎的方法,按照出版时间先后,对萨特的三部传记批评作品逐一进行分析研究。研究紧密围绕存在主义精神分析法展开;在研究中兼顾作品与作品之间的共性和差别,同时体现萨特在其理论运用方面的发展和完善。

---

　①　Philippe HODARD, *Sartre : entre Marx et Freud*, Bruxelles, Jean-Pierre Delarge, 1979.

　②　Josette PACALY, *Sartre au miroir*, Paris, Klincksieck, 1980.

　③　J.-F. LOUETTE, *Silences de Sartre*, Toulouse, Presses Universitaires du Mirail, 2002.

　④　Joseph CATALANO, *Reading Sartre*, Cambridge, Cambridge University Press, 2010.

　⑤　Bilel SALEM, *Sartre, Crtique des poètes*, http://theses.univ-lyon2.fr/documents/lyon2/2014/salem_b

第三章，首先对中国传记文学做宏观梳理，从分类、特点和演变等方面阐述中国传记文学创作与传记批评理论的发展脉络及其现状，在此基础上探讨萨特理论何以有可能为中国传记创作和传记批评提供借鉴。然后，以中国现代派女作家萧红为对象，进行一次萨特传记批评视阈下的研究尝试，实现该研究从理论向实践转化的学术价值。

第一章

萨特传记批评理论溯源

第一节　法国传记批评概览与中国
传记理论研究现状

在文学批评史上,传记批评最初以传记文学创作的形式出现,因其记录的对象(也称为传主)是作家,这类传记逐渐演变为研究作家生平及其文学创作的特殊方法,最终成为传记批评。

传记批评于19世纪正式出现在法国文学批评领域。圣伯夫(Charles-Augustin Sainte-Beuve)是19世纪法国文学界和文学批评界的代表人物,也是传记批评的开先河者。他提出的肖像传记批评在法国乃至整个西方传记批评领域都有着十分深远的影响。在法国的文学批评史上,圣伯夫第一次通过作家研究来诠释作品,其研究的基础是盛行于19世纪欧洲的"实证主义"思想。从圣伯夫以后,法国文艺评论成为一个专门领域并蓬勃发展起来。

19世纪法国另一位重要的传记批评家是泰纳(Hippolyte Taine),著有《拉封丹及其寓言》《巴尔扎克论》等。泰纳将文学批评变成了科学,其研究所依托的仍然是"实证主义"。泰纳的研究方法"是把个别的文学事实概括成一些普遍的文学现象,同时找出在这一特殊领域中所显示的世界合理性的原因与规律"①。泰纳认为,作家的写作激情主要是因为他们具有这种不同于一般人的心理特质,而这种心理特质又由三个因素构成:种族、环境和时代。泰纳

---

① 肖厚德:《伊波利特·泰纳》,《法国研究》1991年第1期。

在《英国文学史》中,将作家分类对比并进行分析,归纳总结出他们之间的共性和特性,进而达到寻求一个民族的心理特征和精神状态的目的。

20世纪西方文艺批评有两次重要的转向:先是批评家的目光从作家转向作品本身,他们把作品视作独立自足的产品,即新批评;接着,批评又从作品转向读者,从读者接受的角度来考量文学创作和文学作品。1967年罗兰·巴特(Roland Barthes)发表《作者之死》一文,提出"读者的诞生必须以作者的死亡为代价"这一观点。但是,法国20世纪的作家研究并未停滞不前。除萨特之外,安德烈·莫洛亚(André Maurois)对于传记创作和传记批评也有很深研究。

莫洛亚提倡要为作家画像。但是有别于圣伯夫的群像式研究,莫洛亚提出个性第一的原则。他认为传记作品中不能只有生平细节和科学数据,还应该具有文学和艺术的特征,因为对于真相的执着是史学家的工作,而对传主个性的挖掘则是属于文学和艺术的。他指出二者并非不可调和,因此需要遵从一条原则,即任何形式的想象必须以高度真实的史料为出发点。在此基础上,他进一步提出解释与理解之间的矛盾。他说:"如何能够再现一个历史人物且不令其走样。这个人就是他应该是的那样……传记作家应该如何写?是再制造一个活生生的谜团吗?但是这个谜团需要太多细节,大概需要穷尽一生才能将之解开……把人变成一个清晰然而虚假的系统,还是彻底放弃将人进行系统化转而理解他,这大概就是传记作家所面临的窘境。"[①]19世纪法国哲学家柏格森(Henri Bergson)所提出的直觉论,为传记批评提供了新的解释方法——直觉解释。这一方法主张通过直觉进入作家的内心世界,寻找其命运的成因。莫洛亚采用柏格森的方法创作了一系列传记评论作品,如《雪莱传》(1923)、《雨果传》(1954)和《三仲马传》(1957)等。

传记批评因其创作目的不同也可以有类别的划分。丹尼斯·佩特里(Dennis W Petrie)将作家传记分为三类:塑造名作家纪念碑式的传记,把作家当作普通人来描绘的肖像画式传记,以及把作家当作艺术家来刻画的传记。[②]从这个角度来看,萨特进行传记批评的方式方法是标新立异的。首先,萨特从

---

① André Maurois, *Aspects de la biographie*, Paris, Grasset, 1930, pp.66-67.

② 赵白生:《传记文学理论》,北京:北京大学出版社,2003年,第43～44页。

未对他的研究对象进行神圣化解读,但这也并不意味着将他笔下的作家彻底当作普通人来分析。萨特的研究目标只有一个,就是解释这个人为什么以及如何成为他自己,进而证明"存在先于本质"这一基本观点。

萨特的传记批评作品一共有三部:《波德莱尔》《圣热内,喜剧演员和殉道者》《家中的低能儿》。其研究对象分别是 19 世纪法国诗人波德莱尔、法国当代作家让·热内和 19 世纪法国作家福楼拜。萨特所研究的三位作家均是在法国文学史上具有重大影响力的作家。波德莱尔是法国象征主义的开创者,其创作的《恶之花》以其丰富的想象力、瑰丽与阴郁并存的文字风格以及多元的主题成为法国诗坛的不朽之作;福楼拜是法国现实主义巨匠,其代表作《包法利夫人》《情感教育》等彰显了文学天才深厚的写作功力;让·热内作为与萨特同时代的作家,是著名小说作家、诗人和剧作家,近年来其代表作《玫瑰奇迹》和《鲜花圣母》为中国读者所熟悉。中外批评界对上述三位作家生平的研究著述不在少数,

针对波德莱尔的研究,较为出名的是德国哲学家、文学批评家本杰明所著《波德莱尔,资本主义上升时期的抒情诗人》(1982),以及法国哲学家、文学批评家福柯发表的题为《现代生活的画家》(1984)的研究报告。我国批评界的波德莱尔专家刘波著有《波德莱尔:从城市经验到诗歌经验》(2016),从诗歌创作的角度结合波德莱尔生平探讨其诗歌中的城市书写。

西方评论界对福楼拜的研究更是不胜枚举,与福楼拜同时代的作家左拉发表了《我对福楼拜的文学回忆录》(1880),莫泊桑撰写了《福楼拜的私生活》(1881),保罗·布尔热(Paul Pourget)撰写了《对福楼拜的当代心理分析》(1882)。20 世纪以来有关福楼拜的研究成果越发丰硕,如法国传记作家贝尔纳·福柯尼埃(Bernard Fauconnier)撰写的《福楼拜传》(2012),以及法国学者玛丽亚娜·吉拉丹(Marina Girardin)所著《福楼拜传记批评》(2017)。20 世纪福楼拜作品大量翻译介绍到中国后,国内批评界也掀起了福楼拜研究热潮,但研究成果多为学术论文,具有代表性的专著有李健吾所著《福楼拜评传》(1935),以及王钦峰撰写的《福楼拜与现代思想》(2006)。

针对让·热内的研究,20 世纪以来西方学界出版了多部著作,其中具有代表性的如美国作家埃德蒙·怀特(Edmund White)的《热内传》(1993),法国学者玛丽·罗多奈(Marie Redonnet)所著《让·热内:乔装改扮的诗人》

(2000),法国作家所著《最后的热内:反抗中的作家》(2010)等。中国批评界对让·热内的研究成果多为学术论文,尚无专著出版。

萨特指出,诸多作家研究都有进行简单逻辑推理的倾向。他曾严厉批评布尔杰将福楼拜的写作冲动归结于其少年时期的青春热血和崇高的雄心壮志。萨特认为,对于作家而言,写作意味着向自由境界的迈进。他的三部传记批评以存在主义精神分析为基本方法,经过丝丝入扣的剖析之后得出了波德莱尔、福楼拜和让·热内的全新形象,进而揭示出这三位作家的人生之路是自我选择和自我塑造的结果这一事实。

在我国文学批评史上,"以传评人"的文学批评传统由来已久,这一部分内容将在第三章进行概述。传记批评与传记文学创作息息相关,国内学界对于中国传记文学的梳理研究已有颇为丰硕的成果。具有代表性的专著和编著有:《中国传记文学史》(韩兆琦,1992)、《中国传记文学发展史》(陈兰村,1999)、《中国传记文学理论研究》(俞樟华,2000)、《中国当代传记文学概观》(全展,2004)、《中国二十世纪传记文学史》(郭久麟,2009)、《中国现代传记文学研究》(李健,2010)、《现代中国传记写作的历史与叙事》(叶志良,2012)、《中国现代传记文学史论》(辜也平,2018)、《古代传记理论研究》(俞樟华,2018)等。

当代国内学界对传记创作理论的研究也相当深入,这些成果或多或少结合了西方关于传记文学创作的历史和经验,多角度、多层次地对传记创作方法进行了探讨。比如,《传记通论》(朱文华,1993)、《传记文学概论》(李祥年,1993)、《传记文学理论》(赵白生,2003)、《成长小说与自传》(许德金,2008)、《精神分析与西方现代传记》(赵山奎,2010)、《传记诗学》(王成军,2016)等。

可以肯定的是,近年国内学界在与传记相关的各类研究中,未曾有学者关注萨特的传记批评理论。导致这一现象的原因,主要是学界认为萨特的成就集中在哲学和文学创作领域,对其在传记批评方面的贡献知之甚少,进而忽略了萨特的传记批评理论对我国文学批评理论研究可能产生的借鉴作用。

第二节　从"存在先于本质"到存在主义精神分析

　　萨特的存在主义哲学坚持以"人的存在"为研究对象,否认存在普遍的人性。他把"存在先于本质"作为存在主义哲学的第一原理。他认为,既没有创造人的上帝,也没有人的普遍本性。人,是首先存在,然后自己塑造自己的本质。萨特在《存在主义是一种人道主义》中这样说道:"我们说存在先于本质的意思是指什么呢?意思就是说首先有人,人碰上自己,在世界上涌现出来——然后才给自己下定义。如果人在存在主义眼中是不能下定义的,那是因为在一开头人是什么是说不上的。他所以说的上是往后的事,那时候他就会是他认为的那种人了。"①这段话是萨特的存在主义哲学观的核心理念,同时也是理解存在主义精神分析法的起点。

　　萨特最早在《存在与虚无》中将"存在主义精神分析法"作为论证"存在先于本质"这一论断的研究方法提了出来。萨特在书中驳斥了弗洛伊德的经验式精神分析法,认为这种方法企图用性本能和各种情结来解释人的各种行为是片面的,同时他反对马克思主义理论中对于人性使用"阶级斗争说"的分析方法。萨特希望找到一条不同的研究方法,对人的行为以及所谓命运做出合理的解释,这就是存在主义精神分析法。存在主义精神分析法的产生发展过程与萨特的存在主义哲学思想的产生和发展是同步的,因此存在主义精神分析法的理论阐述主要出现在《存在与虚无》(1943)、《方法问题》(1957)和《辩证理性批判》(1960)三部著作中。

　　首先,萨特在《存在与虚无》中提出存在主义精神分析法的原则是整体地理解人的存在。萨特这样说:"这种精神分析法的原则是,人是一个整体而不是一个集合;因此,他在他的行为的最没有意义和最表面的东西中都完整地表现出来——换言之,没有任何一种人的爱好、习癖和活动是不具有揭

---

　　①　(法)萨特著,周煦良等译:《存在主义是一种人道主义》,上海:上海译文出版社,1988年,第8页。

示性的。"①萨特认为，作为"自为的存在"的自由是人类行动的首要条件，从整体去把握人的存在就必须把理解人的自由作为起点。

萨特指出人的实在可以用三个基本范畴来概括，即"拥有"（avoir）、"作为"（faire）和"存在"（être）。人类的所有行为都可以概括在这三个范畴之内。比如"认识"这个行为就属于"拥有"的范畴。近代西方哲学习惯于把人类的存在归结为一系列的行为。以康德为代表的伦理学摒弃了"自在的存在"的价值，认为"作为"具有最高的道德价值。在现实层面，包括共产主义者在内的行动派也是将一系列价值的落脚点归结为"作为"。对此，萨特的态度是既不同意过分强调"自在的存在"的价值，同时也反对把人的存在的行为理解为机械的"作为"。

在对自由的理解层面，萨特对决定论和自由意识论持质疑的态度。"人们尚未努力事先去解释行动这观念本身内含有的结构就居然能对决定论和自由意识论进行无穷无尽的推理，为了一个论点或另一个论点举出一些例子，这真是件奇怪的事。"②萨特尤其批评了决定论的观点。决定论者主张任何活动都有意向性，指向一个特定的目的，这个目的就是动机（motif）。萨特认为"动机—意向—活动—目的"的结构模式并不能从根本上对行为做出解释，必须要考虑动机的深层原因，即"一个动机（或一个动力）何以能成为动机"。③ 但是这种对动机的探究不应该被主观僵化的设想和解释，如同传统的精神分析批评所做的那样，认为一切行为都可以用"无意识"和"性本能"来做出解释。动机通常不能用实在和存在物来解释，动机通常应该是通过目的——非存在物被理解，动机就是否定性，这种否定性可以还原为某种情绪或者心理状态。萨特举出工人接受低工资这个例子。工人接受低工资可以解释为他们对于饥饿的恐惧心理，因此恐惧就是这一行为的动机。这种恐惧心理不具有普遍适用特征，只有针对具体的人和具体的处境，才具有解释的功能。

---

① （法）萨特著，陈宣良等译：《存在与虚无》，北京：生活·读书·新知三联书店，2007年，第688页。

② （法）萨特著，陈宣良等译：《存在与虚无》，北京：生活·读书·新知三联书店，2007年，第527页。

③ （法）萨特著，陈宣良等译：《存在与虚无》，北京：生活·读书·新知三联书店，2007年，第531页。

　　萨特认为自为的存在能够解释动机的价值。"动机和动力只能在一个恰恰是非存在物的总体即被谋划的整体内部才是有意义的。而这个总体,最终就是作为超越性的我本身,就是应该在我以外成为我自身的那个我。"①因此,动机背后隐藏的本质是"谋划",只有"谋划"才有可能引导我们理解人的整体的存在。

　　其次,存在主义精神分析法的目标是探寻人的"原始谋划"与"原始选择"。在对这两个术语进行解释之前,我们有必要先把"projet"一词的中文译法梳理清楚。

　　在萨特的哲学论著中,"plan"、"planning"和"projet"是频繁出现的三个词汇。这三个法文单词的含义不应该被混淆,尤其是"projet",因为这个词是萨特存在主义理论中的一个重要术语。我们可以从词义和译法两方面对这三个词汇加以区别和理解。

　　按照《拉鲁斯百科全书》的释义,"plan"是指为了达到某个目标而事先制订的计划;"planning"一词是英语外来词,是指对某项工作、工作进程或者时间安排所做出的规划,"projet"则是指个人所要达到的目标。

　　国内早期关于萨特存在主义精神分析法的一些研究,如萧厚法先生撰写的《萨特存在精神分析法与文学批评》,冯汉津先生撰写的《试论存在精神分析法文学批评的理论与实践》等,并没有区分这三个词,通常都用"计划"一词。从中文词义上考察,"计划"是指工作或行动以前预先拟定的具体内容和步骤;而"谋划"意为筹划,指谋虑和计划并试图找到解决办法。"谋划"这个词可以比较恰当地反映萨特关于存在主义精神分析法的重要概念。

　　以《存在与虚无》为例,该书中译本于 1987 年出版,在这一版的前言中译者对萨特在文中所使用的术语的翻译做了说明。其中关于"projet"一词有如下解释:"projet,谋划,计划。是存在主义一个比较重要的术语。在日常语言中,将其译为计划、谋划并无不妥。但从萨特的原义看,这种译法显然有不妥当之处。萨特常将 projet 写成 pro-jet,前缀'pro'是'向前'的意思,而词根的意思是抛掷、喷射。因此,projet 一词的本义就是向前抛,向前喷射。萨特强

---

　　① (法)萨特著,陈宣良等译:《存在与虚无》,北京:生活·读书·新知三联书店,2007年,第 532 页。

调，projet 就是动作、活动的开始。而中文中计划、谋划却含有动作、活动之前的意识活动的意思。但第一，国内已常以计划、谋划来表明存在主义人是生活在将来的这层意思，第二，也实在抓不到相应的概念来更好表达萨特的原义，我们也就援例译为谋划、计划了。"①

1997 年该译本的修订本出版，2007 年经历了第二次修订。两次修订版对之前部分词汇与术语的翻译做了修改和完善，主要是针对现象学尤其是德国现象学的一些术语，关于这一点杜小真先生在 2007 年的再版说明中也有提到。但是对于"projet"的翻译，三个版本始终沿用了 1987 年第一版中的译法。笔者对"计划"和"谋划"这两个词的出现频次做了统计。

以 2007 年版为例，在正文部分，"谋划"一词的出现频次是 579 次，而"计划"一词出现了 62 次。其中"计划"的出现频次大大低于"谋划"。进一步对照该书的法文原版和中文译本，笔者发现正文中出现的 62 次"计划"，基本对应的是法文中"plan"一词。翻译成"谋划"的 579 个法语单词对应的均是法文中"projet"一词。所以应该说"projet"在《存在与虚无》的中译本中就是我们现在所讨论的"谋划"。至于 planning，这个词在《存在与虚无》法文原著中从未出现，但是大量出现在萨特运用存在主义精神分析法的经典之作——《家中的低能儿》中。

萨特在撰写《存在与虚无》时首次把"谋划"这一术语纳入他的理论体系。事实上这个词是从海德格尔提出的一个现象学术语"筹划"（entwurf）衍生出来的，其对应的法文正是"projet"。海德格尔（Martin Heidegger）在《存在与时间》中谈及人的此在时，提到筹划的概念。"依照可在领会中展开的东西的任何本质向度，领会总是突入诸种可能性之中，这是为什么呢？因为领会于它本身就具有我们称之为筹划（entwurf）的那种生存论结构。领会把此在之在向着此在的'为何之故'加以筹划，正如把此在之在向着那个使此在的当下世界成为世界的意蕴加以筹划。这两种筹划是同样原始的。就领会的此（作为能在的此）的展开状态来考虑，领会的筹划性质实际组建着在世构在。筹划是使实际上的能在得以具有活动空间的生存论上的存在机制。此在作为被抛的

---

① （法）萨特著，陈宣良等译：《存在与虚无》，北京：生活·读书·新知三联书店，2007年，第 4～5 页。

此在被抛入了筹划活动的存在方式中。"①

海德格尔认为,筹划伴随着此在,只要此在存在,它就无法回避筹划,筹划始终关系到在世的整个展开状态。从生存论上说,此在就是它在其能在中尚不是的东西。而能在的方式是领会,此在通过领会及筹划获得它的建构,最终"成为你所是的!"②海德格尔对筹划的诠释道出了此在的超越性。

在萨特这里,"谋划"一词部分继承了海德格尔的"筹划"含义。这一点萨特在从现象学的角度讨论虚无时已经说明了。"存在和非存在不再是空洞的抽象。海德格尔在他的主要著作中已经指出了考问存在的合理性。这个存在不再具有黑格尔还保留着的一般经院哲学的特性;存在有一种意义应该弄清,在每一种属于'人的实在'的行为中,也就是说,在人的实在的任何谋划中都包含着对存在的一种'前本体论的领会'。"③

萨特与海德格尔的分歧在于,海德格尔的"筹划"指向的依然是具体谋划,而萨特认为"谋划"会随着处境的变化而发生改变,一个人一生中可以有很多个谋划。那么从绝对数量上来讲,世界上无数的人对应的就是无数谋划。如果希望从这无数的谋划中总结出某种共性,萨特强调必须遵循一个原则,即"只有在不可还原性面前才停止下来"。④ 这是指在对主体行为动机的分析过程中,逐层分解再还原,直至不可还原时所遇到的那个谋划就是"原始谋划"(projet originel 或 projet initial)。原始谋划不应该被归结为任何具体的谋划,"一个自为的原始谋划只能针对他的存在"。⑤

萨特认为,找到主体的"原始谋划"才是对之进行整体理解的关键。这时,各种看似荒诞不经的行为都可以得到一个解释。主体只能在原始谋划的基础

---

① （德）马丁·海德格尔著,陈嘉映等译:《存在与时间》,北京:商务印书馆,1987 年,第 177 页。

② （德）马丁·海德格尔著,陈嘉映等译:《存在与时间》,北京:商务印书馆,1987 年,第 178 页。

③ （法）萨特著,陈宣良等译:《存在与虚无》,北京:生活·读书·新知三联书店,2007 年,第 44 页。

④ （法）萨特著,陈宣良等译:《存在与虚无》,北京:生活·读书·新知三联书店,2007 年,第 684 页。

⑤ （法）萨特著,陈宣良等译:《存在与虚无》,北京:生活·读书·新知三联书店,2007 年,第 684 页。

上被理解，原始谋划是主体为其命运所做的最初的自由选择，"原始谋划"即是"原始选择"(choix originel)。"原始选择"具有"原始谋划"的一切特征，它不是随时产生的，否则就会陷入胡塞尔关于意识的瞬间性的概念而无法自拔。因此"原始选择"必须也是不可还原的。萨特认为存在主义精神分析法的任务就是要揭示人的"原始选择"。

最后，存在主义精神分析法的具体操作方法是"渐进—逆退"法。萨特在《存在与虚无》第四卷的第一章陈述"自由是行动的首要条件"时，首次提出了用"溯逆"①方法还原人的原始谋划的设想。他指出"这种溯逆的辩证法被许多人本能地实践，人们甚至可以指出，在认识自身或在认识他人时，一种自发的领会是由阐明的层次中给出的"。② 萨特进一步提出，"理解是在两种相反的意义上形成的：人们借助于溯逆或精神分析法重新回到上述活动，一直到我的最后可能——人们通过一种综合渐进，从这种最高的可能一直重降到面对的活动，并在整体的形式下把握住它的整合作用"。③ 只有在"溯逆"基础上进行综合分析才能完成整体化(totalisation)的最终目标。

萨特在该书第二章中谈到存在主义精神分析法的时候，他谈到了存在主义精神分析法的原则、目的、经验和方法。这时他把方法总结为"比较"(comparaison)，事实上这里所说的比较法的实质依然是逆退法的细化。萨特是这样表述的："事实上，任何人的行为都按它的方式象征着应该公布于众的基本选择，还因为，同时，任何人的行为都把这种选择掩盖在他的偶然个性和历史机遇之下，正是通过比较这些行为，我们使它们以不同的方式表达出来的唯一启示突现出来。"④萨特始终强调通过逆退还原的方式找出构成人的命运导向的原始谋划。但是在《存在与虚无》中，萨特对于"渐进—逆退法"的设想建立

---

① 《存在与虚无》中把"regressive"一词译为"溯逆"，本文针对"méthode progressive-régressive"这一术语统一采用林骧华等翻译的《辩证理性批判》中的译法，即"渐进—逆退法"。

② (法)萨特著，陈宣良等译：《存在与虚无》，北京：生活·读书·新知三联书店，2007年，第556页。

③ (法)萨特著，陈宣良等译：《存在与虚无》，北京：生活·读书·新知三联书店，2007年，第559页。

④ (法)萨特著，陈宣良等译：《存在与虚无》，北京：生活·读书·新知三联书店，2007年，第690页。

在对弗洛伊德学说的批判继承的基础上，缺少深入的理论化的描述。关于他对弗洛伊德学说的批判继承，我们会在本章第三节中深入讨论。

1957 年波兰一家刊物计划出版一期法国专刊，介绍当时法国的文化思想状况，刊物邀请了众多知名作家撰稿，萨特也在受邀之列。1957 年前后，正值马克思主义在法国的发展遭遇各种矛盾和冲突。因此萨特撰稿时阐述的重点是存在主义与马克思主义之间的关系和问题，原文题目就叫做《存在主义与马克思主义》。后来萨特将原文进行了重大修改，并以《方法问题》为标题发表在法国的《现代》杂志上，此后又被收入《辩证理性批判》一书。萨特在《方法问题》中再次提及"渐进—逆退"法，是在他深入了解了马克思主义人学要义之后，他在文中对该方法的具体操作进行了详细阐述。美国布尔德心理研究协会（BPI）主席贝蒂-卡农（Betty Cannon）在她的论著《萨特与心理分析》中对"渐进—逆退法"有精辟总结："这个方法是萨特从马克思主义社会学家亨利·列斐伏尔（Henri Lefebvre）处借用的，这个方法包括三个步骤：第一阶段是现象学描述阶段，也可以叫做借助经验和基础理论的观察阶段；第二阶段是对个人生涯或集体生涯中较早阶段的回溯分析；第三阶段是从过去向现在的渐进综合分析，以揭示个人的复杂独特性。"[①]

萨特建构了存在主义精神分析法的理论体系，并将这套理论运用在文学批评实践中，因此我们在他诸多哲学、小说、戏剧作品和评论之外，能够看到《波德莱尔》、《圣热内，喜剧演员和殉难者》和《家中的低能儿》这三部研究作家的作品。

首先，这几部作品是萨特运用他的存在主义精神分析法分析实实在在的人的产物，同时也可以被视作萨特的精神分析批评的代表作，这是因为这几部作品的研究对象均为法国现当代著名作家。其次，这几部作品的的体裁属性非常微妙，因为它们兼具了"传记还是小说"的特点。按照萨特自己的解释：这几部作品是"真实的小说"（roman vrai）[②]。从字面推敲，"真实小说"似乎是"虚构小说"的对立面。萨特专用的这个术语，将一种介于传记和小说之间的

---

① Betty CANNON, *Sartre et la psychanalyse*, Paris, PUF, 1993, p.31.

② 萨特首次在《关于〈家中的低能儿〉》的访谈文章中提到"真实的小说"，参见沈志明主编：《萨特文集》第 7 卷，北京：人民文学出版社，第 353 页。

特殊文学形式固定了下来。

萨特提出存在主义精神分析法的初衷是为了阐明他对人的存在的理解。他必须以实际的例证来证实其观点的正确性和有效性。所以存在主义精神分析法即是萨特的研究方法之一，进而也成为了阐释作家命运与作家创作之间关系的方法，也即传记批评的方法。

第三节　萨特与传统精神分析学

西方精神分析学是当代社会思潮中具有重要影响力的学派之一，弗洛伊德是这一学派的创始人和最重要的代表人物。除了弗洛伊德本人所建立的精神分析学说，其他精神分析学家，如荣格、埃里克森、弗罗姆、拉康和霍兰德等人的理论与观念也为精神分析学的发展和繁荣做出了重要的贡献。

一直以来，萨特的存在主义精神分析法很少被视为精神分析流派的分支。原因主要有两点：第一，存在主义精神分析法不具备传统精神分析法的临床治疗功能；第二，存在主义精神分析法是萨特最初为了满足存在主义哲学理论的实践需求而提出来的研究工具和方法。但是，存在主义精神分析法与精神分析学在理论方面的渊源是不容否认的，这主要体现在萨特对于弗洛伊德学说的批判与继承上。此外，不能因为存在主义精神分析法偏离了临床治疗目的而否认其精神分析学的本质，因为存在主义精神分析法确实是精神分析批评的一个类型，而精神分析批评与精神分析学之间就是树枝与树干的关系。

在这一节中，我们将对精神分析学派做简单的介绍和回顾，借此确定存在主义精神分析法的理论传承和流派归属。

严格意义上讲，精神分析批评和精神分析学并不是同一个概念。精神分析学是心理学与医学的交叉学科，精神分析学的临床治疗手段中就有精神分析法；"而精神分析批评则是把精神分析学等心理学理论运用于文学研究的一种批评模式"[①]。精神分析批评始于20世纪初，通常认为其起点是弗洛伊德

[①]　朱立元：《当代西方文艺理论》，上海：华东师范大学出版社，2005年，第57页。

于 1900 年发表的《释梦》一书。一个明显的事实是，"从 20 世纪上半叶起，精神分析学在心理学界的影响远不如它在文学界的影响大，因而在今天的文学批评界，这两个术语常常被混用"①。因此我们首先通过对精神分析法的两种分类，来厘清精神分析批评和精神分析学之间的区别和联系。

一、精神分析学

根据各自所属的研究领域以及研究目的，精神分析学的分析法可以分为生理学和文艺学两个类别，但是这两种精神分析法之间也有交集。

弗洛伊德最早在 1894 年发表的《反抗型精神性神经官能症》一文中提出了"分析"、"心理分析"、"心理学分析"和"催眠分析"等概念。之后他开始在文章中正式使用"精神分析"这个术语。《精神分析词典》对精神分析有详细的分类和定义。按照弗洛伊德的理论，精神分析法可以从三个层面来理解：

> （1）是指一种研究方法，通过研究主体的话语的无意识的意义，以及由想象引发的行为如梦、幻觉和呓语。这个方法主要建立在主体的自由联想之上，这是保证解读有效性的关键。心理学的诠释也可以用于一些不具有自由联想性的人类行为。（2）是指基于上述研究法的心理治疗方法。这种方法适用于对于抗拒、欲望等情绪的可控解释。因此在这个意义上精神分析是心理分析治疗的同义词。（3）也可以指所有心理学分析理论，以对心理分析治疗法所获取的数据的系统分析为基础。②

精神分析学在 19 世纪末与 20 世纪初得到了迅猛发展，欧洲多国成立了精神分析学会。用于临床的精神分析有三个主要流派，创始人分别是：弗洛伊德、拉康和荣格。其中弗洛伊德派主张研究患者的无意识、梦境、行为上的失误和口误。弗洛伊德认为分析梦境和行为失误及口误都是揭示无意识的重要途径。

---

① 朱立元：《当代西方文艺理论》，上海：华东师范大学出版社，2005 年，第 57 页。

② Jean LAPLANCHE et J.-B. PONTALIS, *Vocabulaire de la psychanalyse*, Paris, Presse universitaire de France, 1988, p.350.

拉康深受弗洛伊德影响,并在其基础上发展出了自己的体系,他认为无意识是通过语言结构显现的,因此语言具有重要地位;并提出婴儿发育过程中的"镜像阶段"。

荣格曾和弗洛伊德一起倡导了欧洲的精神分析运动,后与弗洛伊德因观点发生分歧而导致决裂。荣格的精神分析强调集体无意识(l'inconscient collectif),并对人格类型进行了分类,他将思维、情感、感觉、直觉四种功能类型进行配对,提出了八种人格类型。

二、精神分析批评

弗洛伊德最早提议将精神分析用于其他学科,如文学和艺术。弗洛伊德曾说诗人和小说作家能为精神分析提供最好的素材。"应用型精神分析,是分析者在分析作品、事件或者材料的时候,列出各种问题。'应用'精神分析者与作品之间对话的开始,就是运用具有逻辑的分析方法在作品中找出对话的起点,找出其中真实的一面。"①

精神分析批评从 20 世纪初出现到二三十年代达到了鼎盛时期,后来受到英美新批评的冲击,但在 60 年代以后经过拉康、霍兰德等人的"改造"又重新焕发活力。从总体上来说,精神分析批评具有很大的开放性和包容性,其产生和发展的过程中一直体现着兼容并包,以及与其他流派甚至其他领域的理论研究相结合的多元化特点。

总体上讲,精神分析批评可以分为两种类型,即传统精神分析批评和新精神分析批评。传统精神分析批评从弗洛伊德的理论体系中寻找方法,主要从以下七个方面入手进行批评实践:"一、无意识理论;二、力比多学说;三、关于伊德、自我和超我的三重人格结构学说;四、梦的学说和释梦理论;五、'俄狄浦斯情结'说;六、文学艺术与'白日梦';七、艺术家与精神病。"②传统精神分析批评的特点是从文本入手,通过分析作品的故事情节和人物语言等,寻找象征

---

① Jean LAPLANCHE et J.-B. PONTALIS, *Vocabulaire de la psychanalyse*, Paris, Presse universitaire de France, 1988, pp.326-327.

② 朱立元:《当代西方文艺理论》,上海:华东师范大学出版社,2005 年,第 58 页。

意义以及作者的无意识创作动机。

传统精神分析批评的代表人物首先有弗洛伊德本人,从《释梦》开始,他的理论体系已经成为精神分析批评的理论源泉,他本人著有《创作性作家与白日梦》《〈俄狄浦斯王〉与〈哈姆雷特〉》《米开朗基罗的摩西》《陀思妥耶夫斯基与弑父》等文学评论;英国著名心理学家欧内斯特-琼斯(Ernest Jones)最早运用俄狄浦斯情结分析《哈姆雷特》,发表了《俄狄浦斯情结:对哈姆雷特秘密的解释》一文。此外,传统精神分析批评还显示出对于作者的无意识创作动机的兴趣。他们认为艺术家都具有精神病的症候,因此艺术是精神病的一种外化表现形式,艺术作品本身就是艺术家的病态产品。艾·阿·瑞恰兹(Ivor Armstrong Richards)的《文学批评原理》,弗兰克·卢卡契(Frank Lucas)的《文学与心理学》,以及大卫·戴奇斯的《文学批评方法》都是从作家的心理状态、创作动机,以及作家与作品之间的特殊联系三个方面进行理论研究的。这一类型的精神分析批评通称为作家精神分析批评。其中将作家与作品联系的典型案例是玛丽·波拿巴对爱伦·坡的研究,她通过文本分析来挖掘作家童年经历所造成的心理影响是如何投射到作品中去的。

总体上,传统精神分析批评过于注重潜意识、性本能和各种情结所产生的作用,几乎没有或很少考虑社会历史因素对于文学创作的影响,以及忽略了文学作品的文本本身所显示出的审美价值。这也导致了传统精神分析批评后来被新精神分析批评所取代。

新精神分析批评则展现出了与语言学、哲学、社会学理论相结合的特征。法国精神分析学家拉康(Jacques Lacan)的符号精神分析理论为文学批评提供了新的方法论指导;美籍德裔哲学家埃里希·弗罗姆(Erich Fromm)所从事的社会心理学是对马克思历史唯物主义的继承发展,以及对弗洛伊德精神分析学的修正和整合,切合了西方人在两次世界大战后的精神处境;法国解构主义大师雅克-德里达(Jacques Derrida)将解构主义与精神分析相结合,建构起了结构主义话语理论;法国后现代主义哲学家吉尔-德勒兹(Gilles Louis René Deleuze)与菲力克斯·瓜塔里(Félix Guattari)通过对形而上学的批判和对认识论的重建进行精神分裂分析;美国文学评论家诺曼-霍兰德(Norman Holland)将精神分析法与文本接受理论结合起来,提出了读者反应精神分析批评。除了弗罗姆所代表的新精神分析中融合了马克思主义理论,马克思学说中的人本主义作为精神分析的交叉理论也被广泛用于当代文学评论领域。

萨特所提出的存在主义精神分析法，首先是作为存在主义的研究方法产生的，它是萨特存在主义哲学理论系统的有机组成部分，同时也为精神分析批评提供了新的思路。

三、存在主义精神分析法

关于"存在分析法"，《精神分析词典》里有这样的词条释义：

> 存在分析法（daseinsanalyse）：是由精神病专家雅各布·威尔士（Jakob Wyrsch）于 1924 年提出的德语术语，用以指代路得维希·宾斯万格（Ludwig Binswanger）所创立的精神治疗方法。这个方法融合了弗洛伊德心理分析与海德格尔学派的现象学，并依照三个维度，即时间、空间以及主体与生活环境的关系，来考察生存状况。此概念经过延伸，适用于所有精神治疗的现象学流派。[①]

在上面这个词条释义中，词典编撰者提到"存在分析法"最早出现在德语中。在法国、瑞士和奥地利，精神治疗派是伴随着现象学和存在主义两个哲学流派的出现而萌发的。

《精神分析词典》中同时指出，存在精神治疗法与存在分析法这两种方法之间是相互依赖的关系。存在精神治疗法可以溯源到索伦·克尔凯郭尔（Soren Aabye Kierkegaard）以及新教牧师所从事的古老的灵魂治疗方法。按照存在精神治疗法的理论，神经官能症患者发病时所看到的世界是不真实的，患者必须接受精神治疗才能恢复意识。至于存在分析法，则是由路得维希·宾斯万格在胡塞尔和海德格尔的理论基础上创造出来的。

法国的存在分析法的追随者有《存在与虚无》时期的萨特，以及 1954 年以前的福柯。拉康虽然没有采用存在主义分析法，但是他在两次世界大战期间

---

① Elisabeth ROUDINESCO et Michel PLON，*Dictionnaire de la psychanalyse*，Paris，Fayard，2006，pp.39-40.

也对现象学做了深入了解,此后才改造了他从弗洛伊德那里继承来的哲学理论,基于此我们也可以说拉康与存在分析法之间有一定的渊源。在奥地利,心理学家、精神分析师伊戈尔·卡鲁索(Igor Caruso)在"深度心理学"的基础上创立的个人理论是最接近存在主义精神治疗法的。

前面我们已经阐明存在主义精神分析法是如何在研究方法上与其他类型的精神分析法区别开来的,最典型的特征就是其没有采用弗洛伊德的"无意识"和"性本能"理论,更多运用的是现象学以及存在主义的理论。存在主义精神分析法在类别上属于新精神分析批评,而且是针对作家或创作者的精神分析批评。

四、萨特对弗洛伊德精神分析的批判与继承

精神分析学派的创始人弗洛伊德一方面继承了其前辈斯宾诺莎的方法,即同时关注心理疾病的治疗,和对人的行为的解释;另一方面,他继承了其导师,德国生理学家冯·布吕克(Ernst Wilhelm von Brücke)的机械唯物主义理论。"这种类型的唯物主义所依据的原则是:一切精神现象在一定的生理过程中均有其根源,只要我们认识到这些根源,精神现象就能得到充分的解释和充分的理解。"[①]这一理论在很大程度上启发了弗洛伊德对精神分析学说的建构。弗洛伊德依照此原则建立了一个人的本性的模式,这个模式把人的行为看作受两种力量的影响,即"自我保护的驱动力和性的驱动力"[②]。其中,性的驱动力即"力比多"驱动力是最主要的。

此外,弗洛伊德学说认为人的心理包含三个层面,即意识、前意识和无意识。无意识理论是弗洛伊德首先提出的,是其精神分析学说的核心,也是传统精神分析建构理论的基础。"无意识理论的贡献在于它展示了人的心理的复杂性和层次性,引导人们去注意意识后面的动机,去探讨无意识心理对人的行为

---

① 转引自(美)埃里希·弗罗姆著,许俊达等译:《精神分析的危机:论弗洛伊德、马克思和社会心理学》,北京:国际文化出版公司,1988 年,第 35～36 页。

② (美)埃里希·弗罗姆著,许俊达等译:《精神分析的危机:论弗洛伊德、马克思和社会心理学》,北京:国际文化出版公司,1988 年,第 36 页。

的影响，这对 20 世纪的作家、批评家有着巨大的启迪作用。"①尽管新精神分析的各流派引入了其他学科的理论，但是它们始终没有抛弃过无意识的概念。

在《存在与虚无》中，萨特存在主义精神分析法的提出是建立在与弗洛伊德精神分析学说相比较的基础之上的。萨特对于弗洛伊德精神分析学一直抱有反感的态度，他认为弗洛伊德关于性驱动力即性本能的理论使得一切人类情感都有了众口一词的解释。他指责道："经验心理学，在以人的欲望来定义人时，仍然是实体的幻觉的牺牲品。它以为欲望是作为人的意识的'内容'在人之中，并且相信欲望的意义固有地在欲望本身之中。于是它避免了一切可能引起一个超越性的观念的东西。"②萨特认为这种重视性本能和无意识的机械解释学理论并没有达到普遍解释的目的，反而扼杀了人与人之间的差异化，并进一步扼杀了自由。弗罗姆也认为"弗洛伊德的人是生理上驱使和推动的机械人"③。

萨特的存在主义是本体论性质的，是将从现象出发的反思作为获得存在本质的途径。其在本质上与弗洛伊德的学说是相对立的。但是，在具体的方法操作上，萨特并没有全盘否定弗洛伊德的理论，他采取了一分为二、取我所需的立场。

萨特承认在分析经验行为时所采用的比较方法是从弗洛伊德的精神分析法中获得启示的。弗洛伊德和萨特都主张从非理性主义出发，立足于经历和体验对人的行为进行分析。二者都认为人的存在是永恒历史化的，都力图从对经验行为的分析中找出静止不变的物质，并将之抽象化为具有普适原则的概念。此外，这两种方法都重视人的童年经历。儿童心理发展理论是弗洛伊德精神分析学说的重要组成部分。弗洛伊德主张"将无意识作为研究的对象，在研究人格结构深层潜意识活动规律时，追溯到童年，并对儿童的人格发展做了探索"。④ 萨特强调通过对童年时期的"原始危机"的追溯，找出个人的原始

---

① 朱立元：《当代西方文艺理论》，上海：华东师范大学出版社，2005 年，第 61 页。

② （法）萨特著，陈宣良等译：《存在与虚无》，北京：生活·读书·新知三联书店，2007 年，第 676 页。

③ （美）埃里希·弗罗姆著，许俊达等译：《精神分析的危机：论弗洛伊德、马克思和社会心理学》，北京：国际文化出版公司，1988 年，第 35 页。

④ 冯克诚主编：《精神分析学说与〈精神分析导论〉选读》，北京：中国环境科学出版社，2006 年，第 2 页。

谋划,作为对人的整体化理解的起点。不同之处在于,弗洛伊德主张把性本能作为心理发展的基本驱动力,并把"力比多"的发展分为五个阶段,即"口唇期(0—1岁);肛门期(1—3岁);性器期(3—6岁);潜伏期(6—11岁);生殖期(12或13岁开始)……"[①];萨特则坚决反对用性本能来解释人的一切心理发展,他认为整体化原则才是保证个体差异化得以显现的前提。

萨特认为存在主义精神分析法与弗洛伊德精神分析学说的目标是一致的:

> 经验的精神分析法和存在主义精神分析法同样探索一种不可能用简单的逻辑定义来解释的处境中的基本态度,因为这态度是先于所有逻辑的,并且它要求按照一些特殊的综合法则重新构成。经验的精神分析法力图规定情绪,它的名称本身表明与它联系着的所有意义是多价值的。存在主义精神分析法力图决定原始的选择。这种原始的选择面对世界而进行,并且作为对位置的选择,它如同情结的整体,它与情结一样是先于逻辑的,正是它选择了个人面对逻辑和原则所采取的态度;因此问题不在于按照逻辑考问它。它把存在者的整体归并到一个前逻辑的综合中,并且同样,它是无数多重价值意义的归属中心。[②]

但是,萨特这里所指认的共同点也正是他与弗洛伊德产生分歧的原因之一。

两种方法都采取逆退的方法进行抽象还原,弗洛伊德的落脚点是潜意识,即通过分析经历和经验发现潜意识的作用,并借此认识人的行为和思想的原因。但是萨特认为,逆退的方法只能够去理解人的行为和思想之间的因果关系,但缺少整体化的步骤。

弗洛伊德精神分析学说的局限性是不言而喻的,因为这种理论是以假定一种一般的人的存在为出发点的。所谓一般的人是一个普适性的概念,即在不同的时代历史环境和不同的文化氛围中,具有共同点的人的存在,因此弗洛伊德学说会建立一个普遍的"人的本性的模式"。但是在萨特看来,这种模式

---

① 冯克诚主编:《精神分析学说与〈精神分析导论〉选读》,北京:中国环境科学出版社,2006年,第2～3页。

② (法)萨特著,陈宣良等译:《存在与虚无》,北京:生活·读书·新知三联书店,2007年,第690～691页。

本身就是荒谬的,因为弗洛伊德完全脱离了时代改变所带来的关于人的概念的变化。弗罗姆也清楚地看到了这一点。他认为,弗洛伊德同时属于 19 世纪和 20 世纪。但是世纪交替带来的巨大变化,尤其是第一次世界大战的经历,动摇了弗洛伊德一直以来的乐观主义根基。在 20 世纪的新社会局面下,弗洛伊德早期的精神学说明显开始不适应现实,后来他的弟子荣格等人的变节便是明证。弗罗姆指出,弗洛伊德之所以不能够也不愿意与自己原来的理念断绝,"这也许就是他从来没有解决好新的人的概念与老的人的概念之间的矛盾的原因;原先的里比多(力比多)包括在爱欲之中;原先的侵犯行包括在死本能之中;但这只是理论上的拼凑品,其中的困难是很清楚的"①。

虽然萨特早期对存在主义精神分析法的设想也忽略了社会环境的因素,但是他从哲学层面提出了"他人"的观点,客观上开放了反思的系统,这样的逆退法主张对人的解释最后依然应该指向原始选择。但是,萨特对弗洛伊德的情结说也不是持完全否定的态度。在萨特的自传体小说《词语》中,他对父权缺席的情况下个体不会有超我存在的阐述就是弗洛伊德式的。

最后,在文学批评层面,弗洛伊德精神分析批评主要的研究对象是文本,重视对作品中人物的心理分析,通过对人物行为的研究来总结情结的驱动力,因此这种精神分析批评法是将文本作为自足主体来研究的;而存在主义精神分析法将主体人——作家作为分析对象,将作品文本作为某种类型的证词,试图结合其他不同因素,以逆退还原、再渐进综合的方式来发掘决定主体存在的原始危机。

第四节　萨特对马克思主义理论的继承与发展

萨特从弗洛伊德那里继承了逆退的经验还原方法,摒弃了关于性本能、完全无意识的机械论观点。后期则受到了马克思主义人学的巨大影响,并在此

---

① (美)埃里希·弗罗姆著,许俊达等译:《精神分析的危机——论弗洛伊德、马克思和社会心理学》,北京:国际文化出版公司,1988 年,第 40 页。

基础上完善了他本人的存在精神分析法。

从理论根源上说,马克思主义不属于精神分析学范畴。但是有两点将马克思主义与精神分析学联系了起来。首先,马克思的历史唯物主义和辩证唯物主义中包含着"关于人的自然科学";其次,将马克思主义理论与精神分析学结合起来用以分析和理解现代社会的人的存在状况是现代精神分析学的走向之一。

马克思政治经济学理论体系的建构始终是以人的本性的概念为出发点,研究现代社会中被异化了的人类之生存现状,这也是马克思主义理论被称为人学理论的原因。马克思在《1844年经济学—哲学手稿》中对人类的属性定义为是自由的、有意识的活动,并且受到经济与社会活动的影响。把人性与动物性区分开来,这也是马克思与弗洛伊德的区别所在。

马克思主义也广泛用于文艺批评,代表性的西方马克思主义文艺理论家有卢卡契、葛兰西、马尔库塞、阿多诺等。他们将各自理解的马克思主义基本观点用来研究分析文学理论的基本问题,作为其哲学和社会理论的补充与延伸。他们的共同点是,"主张把文学作品放在社会历史、文化的大背景中加以理解,反对把文学作品与社会和历史割裂开来;他们一般都注意从经济基础与上层建筑的相互关系中审视文学的意识形态性质,对文学的社会功能高度重视"。[①]

一、萨特对马克思主义的继承

1925年萨特在巴黎高等师范学院学习时就开始阅读和研究马克思的著作,如《资本论》和《德意志意识形态》。虽然不久之后他便被现象学所吸引,并从现象学出发开始构筑他的存在主义理论系统,但是马克思主义对他的影响从未消失。从20世纪50年代开始,萨特开始深入研究马克思主义并从中汲取养分。1956年他因苏联出兵匈牙利事件谴责法共,并进一步宣布与法共决裂,但是萨特对马克思主义的热情并未因此削减。

苏联革命胜利后的政策和措施引发了西方思想界对马克思主义的批判。面对马克思主义被扣上"庸俗经济决定论"和"机械唯物主义"的帽子,萨特在《方法问题》中明确表明自己的态度,他说:"马克思主义非但没有衰竭,而且还

---

① 朱立元:《当代西方文艺理论》,上海:华东师范大学出版社,2005年,第178页。

十分年轻,几乎是处在童年时代;它才刚刚开始发展。因此,它仍然是我们时代的哲学;它是不可超越的,因为产生它的情势还没有被超越。我们的思想不管怎样,都只能在这个土壤上形成;它们必然处于这种土壤为它们提供的范围之内,或是在空虚中消失或衰退。"①1960 年萨特发表了《辩证理性批判》,这部著作是他对他在《存在与虚无》中一些哲学观点的修正和清算,同时也是他把马克思的辩证法与他的存在主义观点相整合的结果。萨特的存在主义通常被认为是寄生于马克思主义理论体系内部,因此也被称作"存在主义的马克思主义"。

萨特对马克思主义的接纳首先是从对人的定义开始的,他对人的存在的思索经历了从"孤独的人"到"社会的人"的过程。萨特的《辩证理性批判》是他的存在主义研究的分水岭。在此之前的《存在与虚无》中,萨特集中探讨的是孤独、独立、自在自为的主体。在这一时期的萨特认为,虽然个人要和社会发生关系,但是社会关系是个人的选择对象,社会的价值在于无条件地支持个人的选择,个人的抉择是第一位的。而接纳了马克思主义理论的萨特在《辩证理性批判》里开始在社会历史的背景中考察人的存在问题。

二、萨特与马克思主义之间的分歧

萨特与马克思主义依然存在分歧,这导致存在主义始终未能够与马克思主义完全融合,究其原因,应该是萨特所主张的存在主义的个人绝对自由的观点与马克思主义的社会主义集体观是相抵触的。

马克思主义所定义的个人自由始终都是同他人的、集体的、社会整体利益联系在一起的。任何阶级社会中的个人自由都毫无例外地具有阶级性,争取个人自由始终不能够脱离无产阶级的解放事业。而萨特存在主义的精髓就是他的人学,其核心始终是个人的自由,如果抛弃个人自由这一论点,那么萨特的存在主义就会失去立足的基石,这一点是毋庸置疑的。在他早期代表作《存在与虚无》当中,萨特从本体论的角度论述了人为什么是生而自由的。后期的《辩证理性批判》则是在接纳了马克思主义的社会集团理论的基础上进一步探讨个人自由与社会之间的关系。在这部论著中,萨特对自由的理解显然发生

---

① (法)萨特著,林骧华等译:《辩证理性批判》,合肥:安徽文艺出版社,1998 年,第 28 页。

了向马克思主义的转变。他试图在个人自由和群体自由之间找到一条融合之路。在这一研究中,萨特发现,在群体内部,个人自由与他人自由并不相悖,可以彼此兼容。但是在个人自由与群体利益如何融合的问题上,萨特的研究陷入了僵局。萨特并不否认,在集团内部,单个成员必须对整个集团的利益负责,个人自由因此会受到限制,在这种情况下,个人自由的异化无法避免,这一点违背了他的存在主义原则。就这样,萨特在这个问题上终究还是无法把马克思主义与他的存在主义观点相调和。

在对个体人的理解方面,萨特也持有与马克思主义相左的观点。他在《方法问题》中所阐发的观点就是针对马克思主义中所谓的"人学空场"。萨特认为,当代一些教条僵化的马克思主义者所主张的经济决定论是一种非人主义,他们过分强调特定历史条件下经济生活对于人的决定影响,这种立场甚至违背了马克思自己的主张,即"没有活生生的人也就不会有历史"。萨特甚至调侃,阅读某些马克思主义者的作品会使人认为人生是从领工资的那一天开始的。

因此,萨特在《方法问题》与《辩证理性批判》中所研究的就是构成历史总体的个人,关注个人的实践。萨特对于群体类型的研究也是基于对个人的理解,他说:"应该更深入一步,并在每一种情况下,从历史事件中来研究个人的作用。因为这种作用不能一劳永逸地确定;在每一种情况下,确定它的是被研究的群体的结构。"[1]萨特认为,个人在群体中获得能力和有效性,并反过来造就群体。个人身上不可还原的特殊性是体验普遍性的一种方式。群体通过个人返回自身,从这个意义上讲,虽然大多数情况下历史事件的参与者是群体,但是多少还是会带有个人的印记。

三、萨特探索融合之路

萨特认为马克思历史唯物主义是一种宏观的历史性的总体观察,它将人类实践活动总结为社会历史的发展规律。因此在具体研究方法上,萨特接受

---

[1] （法）萨特著,林骧华等译:《辩证理性批判》,合肥:安徽文艺出版社,1998年,第106页。

了马克思面对历史的基本方法,即前进的方法。同时,萨特为了弥补这个方法里忽略了对个体的人的研究这一缺憾,他将之前从弗洛伊德精神分析学说中继承来的逆退法补充进去。前面我们已经说过,萨特的逆退法是为了还原各种经验行为中的因果关系,找到个人经历中的原始危机。然后在这基础上运用前进的方法进行综合理解,找出个人的原始选择或原始谋划,其原则是对人的存在的整体化理解,具体操作方法是"渐进-逆退法"。萨特急需解决的是在对个体命运进行整体化的过程中如何理解群体的影响和干预作用。

萨特在这个问题上进行探索的主要成果集中体现在《辩证理性批判》一书中。在这部著作中,萨特重申他所不赞同的是他同时期的一些马克思主义者将马克思主义带往僵化的境地,甚至滑向唯心主义的深渊。他指出:"对于当今大部分马克思主义者来说,他们认为思考就是在整体化,并以此为借口而用普遍性来代替特殊性……"[①]他始终认为,马克思主义是一种具有普遍指导意义的方法论,但是没有解决好个体特殊性的问题。从这一点看,作为一种文学批评方法,尤其作为研究作家的方法,在肯定普遍性的基础上,搞清楚特殊性至关重要。他特别用福楼拜研究来举例,他写道:"当代马克思主义指出,福楼拜的现实主义同第二帝国的小资产级的社会、政治演变有着相互象征化的关系。但是,它从不指出这种透视的相互性的产生。我们既不知道为什么福楼拜喜欢文学甚于一切,为什么他过隐居的生活,也不知道为什么他写了这些书而不是写迪朗蒂或龚古尔兄弟的那些书。"[②]萨特希望通过这部著作解决特殊性的问题,也间接回答了"他为什么不干脆成为马克思主义者"的疑问。他的目标是从头做起,找到方法和建立学科。他决心开始研究群体,以便了解群体中的个人是如何成为独一无二的他自己的。

在《辩证理性批判》中,萨特在集团和阶级层面对《存在与虚无》中提到的"共在"思想进行了深入研究,进而提出了"集合体"和"群体"的语境。在该书第一部中,萨特集中讨论了匮乏、实践-惰性、阶级等概念及其内涵;第二部则探讨在两种不同的共在模式——集合体和群体中的我与他人的关系。

萨特是在论证个体经验的整体化(totalisation)的过程中发现匮乏问题

---

① (法)萨特著,林骧华等译:《辩证理性批判》,合肥:安徽文艺出版社,1998年,第44页。
② (法)萨特著,林骧华等译:《辩证理性批判》,合肥:安徽文艺出版社,1998年,第51页。

的,匮乏是整体化的关键因素,萨特对匮乏的研究奠定了将个体命运整体化的基础。萨特认为,匮乏可以看作个体与环境之间的关系。原始社会,环境在最大程度上是指自然环境,在除此之外的其他社会结构里,环境都是指由人构成的社会环境。萨特重点考察的是后一种情况。他认为,"在匮乏的环境里,即使个体之间毫不意识到对方的存在,即使社会的各个层面和阶级的各个结构完全切断了相互性,特殊的社会场域里的每一个人仍然存在,并且在其他每一个人在场的情况下活动"[①]。这一段话中点出了萨特关于匮乏下的人际关系的两个基本点:其一是人类群体性存在的必然性,萨特对于这一点在《辩证理性批判》中有专门论述;其二是他人的在场是现时的或潜在的威胁,这一点也成为后来他论证"匮乏导致异化"的基础。萨特认为,正是因为存在匮乏,群体内部才会产生冲突。萨特希望他关于匮乏的论证能够取代马克思《资本论》中的剩余价值学说。萨特的这一尝试很显然是不成功的,因为"匮乏"概念明显具有泛化倾向。剩余价值学说可以合理解释阶级斗争的源头问题,"匮乏"理论则不能。但萨特的尝试并非毫无意义,"匮乏"有可能解释阶级或群体内部,单个人的异化问题。

萨特在《辩证理性批判》的第二部展开对群体的研究,他这样解释群体的内涵:"一个群体作为休戚相关的整体,它的构成(当然是在现实物质条件的基础上)中带有辩证结果,即将其变为社会场域的其余部分的否定,因此,也就在这个被确定为非群体的场域中产生适合于对立集团的条件(所有这些是在罕见的基础之上,发生在分裂的社会制度之中)。"[②]萨特所论述的人类集合体是在实践—惰性的场域中形成的,个人作为被动的存在而对现状无能为力。人们由于外因聚合在一起,这时的集合体内部的人们之间打破了以往互为他者的存在方式,众人为了抵抗惰性劳动的控制,开始结合起来进行共同实践,这时形成的集合体就是群体,或称为集团。萨特对于群体的分类相当复杂:并合中的群体、有组织的群体(誓言集团)、机构(制度集团与战斗集团)。他之所以对群体形式进行如此细致的划分,目的在于尽可能全面地研究人所处的形形

---

① (法)萨特著,林骧华等译:《辩证理性批判》,合肥:安徽文艺出版社,1998 年,第267 页。

② (法)萨特著,林骧华等译:《辩证理性批判》,合肥:安徽文艺出版社,1998 年,第506 页。

色色的群体。

萨特为了厘清群体内部个人与他人之间的关系,提出了"第三者"(tiers)这一概念。"第三者"是一个过渡的不稳定的身份,在并合中的群体内部,因其结构的不稳定性,每个人都是第三者。"第三者——这是我们中的每个人——仍在经历的异化中,作为非本质的事物显示出来的异化的自由而存在。"①每个人对于群体中的其他个人来说是第三者。由于第三者的存在,群体的结构不应该是个体与共同体的二元关系,而应该呈现为三元关系,即群体中的我、群体(除我之外),和作为第三者的我。在这个三元关系中,萨特提到了作为第三者的每个人,在共同行动中可以通过普通的相互性关系来对群体进行整体化。

一直以来,中外马克思主义学派并不认可萨特在《辩证理性批判》中所做的尝试。根本原因在于萨特的方法并没有达到他最初的预期,也即他没有能够对历史进行整体化解释。但是不可否认,萨特对个体命运的研究卓有成效。因为人从来都不是孤独地活着的,他必定存在于群体之中,个体所处的群体类型及其内部组织形式都对个体命运产生影响。所以,如果说马克思主义对于国家和阶级的论述揭示了宏观历史下的人类社会的基本发展规律,那么萨特的研究成果则对理解群体之中个体的特殊性有着积极意义。萨特的理论结合了个体意识和群体观念,在客观上最大限度地保证了个体的特殊性和差异性。从这个层面来看,萨特对群体的研究依然是人本主义性质的。

第五节　萨特关注他者并向主体间性迈进

从《存在与虚无》开始,萨特始终关注他者问题。萨特认为,"他人"是个体命运形成过程中不可忽视的重要因素之一。在《波德莱尔》《圣热内,喜剧演员和殉道者》《家中的低能儿》三部作品中,萨特对"他人"的分析无处不在。

---

① (法)萨特著,林骧华等译:《辩证理性批判》,合肥:安徽文艺出版社,1998年,第529页。

首先,萨特对他人目光的阐述贯穿了上述每一部作品。比如,在《波德莱尔》中,波德莱尔为了应对他人的注视为自己制作了女性化的浪荡子外壳;在《圣热内,喜剧演员和殉道者》中,童年让·热内因为一次盗窃行为被养父母的目光判定为"小偷";在《家中的低能儿》中,父亲冰冷的目光是促使福楼拜的"原始危机"爆发的催化剂。

此外,在上述三部作品中,萨特对"自在的存在""自为的存在""注视"等概念的运用与他对"他人"概念的诠释是分不开的。因此,在这一部分里,我们将通过对萨特"他者观"的阐释来揭示他人对于存在主义精神分析法的重要意义。

从作品逆退回理论,我们会发现,"他人"始终是萨特重点关注的一个概念,不但与存在主义精神分析密不可分,而且是他的存在主义理论和人学理论体系的重要组成部分。"他人"是对人的整体化理解过程中无法回避的问题。萨特认为,人始终是生存于具体处境当中的,人在处境中发现自己,而处境当中最重要的因素就是"他人"。他人对于主体的影响主要体现在以下三方面:

首先,他人的存在向我揭示我的存在,他人是我们认识自我的必需中介。萨特在《存在主义是一种人道主义》中反复强调"他人"的重要性。他说:"我们从我思中发现的并不仅仅是我自己,也发现了别人。与笛卡尔的哲学相反,也与康德的哲学相反,当我们说'我思'时,我们是当着别人找到我们自己的,所以我们对于别人和对我们自己同样肯定。因此,那个直接从我思中找到自己的人,也发现所有别的人,并且发现他们是自己存在的条件。"① 萨特认为,我为了获得关于自己的真实信息,必须通过他人这个中介。而且这种关系是可逆的,即对于我的存在,他人是必不可少的,而如果他人要获得关于他自身的任何信息,我的存在也是必不可少的。

其次,我和他人互相负有责任,我的自由与他人的自由是互相依存、互相限制的关系。在处境当中,人的自我选择直接或间接地影响了群体中的他人。"当我们说人自己做选择时,我们的确指我们每一个人必须亲自做出选择;但是我们这样也意味着,人在为自己做出选择时,也为所有的人做出选择。"② 因

---

① (法)萨特著,周煦良等译:《存在主义是一种人道主义》,上海:上海译文出版社,1988 年,第 22 页。

② (法)萨特著,周煦良等译:《存在主义是一种人道主义》,上海:上海译文出版社,1988 年,第 9 页。

此个人的选择对所有其他人负责。从对自由的考察出发，任何个人的自由依赖于别人的自由。萨特认为，这种情况尤其是针对群体中的个体而言。因为我们在追求自由的时候发现我们自己的自由完全离不开别人的自由，同样的，别人的自由也离不开我的自由。萨特认为，"我不能把自由当作我的目的，除非我把别人的自由同样当作自己的目的"①。

最后，"他者"的存在是人的性格的成因，尤其是"他人"以群体形式出现的时候。萨特在《方法问题》中强调人所属的群体对于人的性格的影响。这个群体主要是指童年时期的家庭，而在其更深层次是指家庭或家族的社会阶级属性，因为"家庭是在历史的总体运动中，并通过这种运动而构成的，并在童年时代的深处和不透明性中被体验为一种绝对"②。萨特以福楼拜和波德莱尔为例，指出福楼拜的性格附着在父亲身上，而波德莱尔的性格则附着在母亲身上。萨特用群体——阶级的概念来解释这两人之间的差别。他认为福楼拜家族所属的新兴资产阶级是由农民转变来的，因此他们身上保留的父权的印记格外鲜明，"福楼拜'固着'在他父亲身上，是一种群体结构的表现，是他对资产者的憎恨、他'歇斯底里式的'发作和他修道士式的志向"。③ 而波德莱尔的性格更多来自其母，首先是因为其父在他幼年就过世，然而更主要的原因是波德莱尔的家庭是类似穿袍贵族的资深资产阶级，这样的资产阶级长久住在城市里，女性身上有较多独立自主的气质。波德莱尔的母亲对他性格的形成有着深刻影响，她的再婚也给波德莱尔带来终身的痛苦。

萨特认为，存在主义之所以是人道主义的一个重要概念，就是人的超越性，因为"人是靠追求超越的目的才得以存在"④。而追求超越的起点首先是对人的整体性理解，在这个整体理解的过程中，对于"他人"的考察绝对是必要的。

萨特的他者观的形成可以分为两个阶段，即《存在与虚无》时期所代表的早期他者观，和《辩证理性批判》所代表的后期他者观。从理论继承上来讲，萨

---

① （法）萨特著，周煦良等译：《存在主义是一种人道主义》，上海：上海译文出版社，1988 年，第 27 页。
② （法）萨特著，林骧华等译：《辩证理性批判》，合肥：安徽文艺出版社，1998 年，第 55 页。
③ （法）萨特著，林骧华等译：《辩证理性批判》，合肥：安徽文艺出版社，1998 年，第 56 页。
④ （法）萨特著，周煦良等译：《存在主义是一种人道主义》，上海：上海译文出版社，1988 年，第 30 页。

特早期对"他人"的阐述部分继承了康德、黑格尔、胡塞尔和海德格尔的部分观点,重点研究个体与个体之间的关系。后期,萨特逐渐向马克思主义靠拢,在从个体意识向集团理论发展的过程中,用辩证法去完善"他者"的概念,并进一步证明主体的谋划是个人他者和集团他者综合影响下的产物。

萨特的存在主义哲学思想根植于胡塞尔的现象学理论。学界一直有人认为萨特没有真正理解胡塞尔,以及存在主义已经远离了现象学。事实上,萨特通过建构存在主义理论体系尝试对胡塞尔的理论进行改造。

一、存在主义精神分析是对他人经验的理解

萨特将"存在先于本质"作为其哲学的第一原理。他指出,人首先存在,然后塑造自己的本质,强调个人对自身命运走向的自我主导地位,并通过"介入"观点,进一步指出个人应该通过自己对社会生活的介入来对自我命运施加影响。萨特在《存在与虚无》中指出,个体命运可以被理解,但个体命运绝不是经验式的精神分析法所认为的各种欲望的结合体,或环境与阶级的产物。尽管个体因其与他人共同生存的环境或共同的生物属性而呈现与他人的相似性,但个体依然能够显现出千差万别的面貌。

萨特认为:在个体命运研究方面,基于大量经验分析的归纳和推导式的研究缺乏客观性。从弗洛伊德开创精神分析法开始,文学批评在作家作品的研究方面大量采用精神分析方法。弗洛伊德认为,人不是他自己的主人,无意识才是他自己的主人,人的行为动力来自性的愿望。弗洛伊德精神分析法始终将个体的心理和病理特征作为观察研究的对象,对各种病例做出总结和归纳,每一种情绪或目的对应着一种特定原因或情结。萨特严厉斥责这种操作方法缺乏科学性,因为普遍化的归纳往往并不适用于对单个个体的研究。

萨特还认为个体的独特性和差异性诚然应该予以尊重,但他反对将结果与原因进行僵化的关联。在萨特看来,能够最大程度地还原和解释个体的命运成因的方法才是科学的方法。在《存在与虚无》中,萨特首次对存在主义理论进行了充分诠释,为证明人有行动的自由和进行自我塑造的主动性,他提出用存在主义精神分析法对个体命运进行分析。

因此,存在主义精神分析法是存在主义理论体系不可分割的组成部分。

萨特主张将理解人的整体性作为研究目标,整体性意味着人的所有行为是统一的整体,都可以得到解释。萨特认为,依照现象学的可还原原理,各种行为都可以还原为具体的动机,而所有的动机背后隐藏着一个始终不变的原动力,这就是本书第一章所谈到的"原始谋划"。在萨特看来,只有"原始谋划"才是一种真正不可还原的东西,也只有挖掘"原始谋划"才能够解释个体命运之间的差异性。

萨特认为,"原始谋划"常常在人的童年由"原始危机"引发。萨特在他的几部作品中挖掘了几位作家的"原始危机":波德莱尔的"原始危机"是其母亲的再婚,他与母亲之间的亲密联系因此被强行割裂;让•热内第一次小偷小摸行为被养父母发觉,从此给他打上窃贼标签,这是他的"原始危机";福楼拜的"原始危机"由他儿时的阅读障碍症引发,他童年所有的紧张焦虑都源于此。萨特的目标就是从生命个体的各种人生事件入手,通过追溯和归纳的方式抽丝剥茧地找出个体的"原始危机",并进一步还原其"原始谋划"的本来面貌。萨特存在主义精神分析法强调主体性:每个人都是自己的主宰,人能够掌握自己的命运。也就是说,人的命运完全是由意识决定的。主体的"原始危机"是主体有意识发现的,并由主体有意识地进行"原始谋划",这才构成行动的原动力。

存在主义精神分析法的实质是对他人经验的研究,这一点直接反映了胡塞尔现象学重点关注的问题,即"交互主体性"。胡塞尔的现象学围绕三个问题展开,即对事物的意识、对他人的意识和对自己的意识。胡塞尔围绕"对他人的意识"的研究集中体现在对"交互主体性"的探究上,《交互主体现象学》集中表述了他在这方面的思考。胡塞尔将交互主体性规定为不同认识主体之间互相理解的可能性。胡塞尔对他人经验的研究为后来的解释学提供了基础,伽达默尔(Hans-Georg Gadamer)提出了"理解",他指出"'去理解'意味着一个人有能力踏入他者的位置,以便能够说出他在那儿理解了什么,以及他必须说什么来进行回答……'理解'的意思就是为他者辩护……"①。

胡塞尔认为主体之间之所以能够互相理解,首先是身体(corps)保证了主体之间的"共现"(appräsentation)。早期现象学学者利普斯(Theodor Lipps)

---

① (德)伽达默尔等著,孙周兴等译:《德法之争:伽达默尔与德里达的对话》,上海:同济大学出版社,2004 年,第 78 页。

强调他人经验在心灵层面的影响力，认为对于他人经验的理解可以单纯通过意识来完成。而胡塞尔驳斥了这一观点，他指出人的身体是"驱体"（Körper）与心灵的综合体，具有感知和思考的能力，身体才是"共现"最基本的保障。"因此，首先把他者的'驱体'把握为有感觉的'驱体'，而后在此基础上将他者的驱体理解为他者的身体，即另一个与我的自我相似的自我的实在，再后才理解他者的某个心灵的'表达'。"①

西方 20 世纪现象学研究普遍重视身体作为意识载体的功能，这也是现代性困境的体现，因为当理性对感性进行压抑，以及意识对身体感知功能的排斥达到一定极限时，必然会引起观念和理论上的反弹。梅洛-庞蒂（Maurice Merleau-Ponty）认为，"我们与身体融合在一起，而这个身体对世界、对动机和人们得以对世界进行综合的手段的了解超过了我们"。② 利科（Paul Ricoeur）把"我思"从意识层面转向身体以及情感。赫尔曼·施密茨（Herman Schmitz）则尝试建立基于身体性的情感现象学，认为身体的情感震颤（affektive betrof-fensein）即情感方面所经历的震动才是现象学要还原的主体。

萨特同样认为身体是主体之间相互理解的基本保证。萨特很早就对身体作用发生兴趣，他说："身体是一个封闭的存在形式，它如同纸张吸墨那样对世界进行吸收。"③他在《存在与虚无》中指出意识首先应该统一于身体这一生命载体，身体是独立于意识之外，同时又统一于意识的"自为的存在"（l'être pour soi）。萨特从三个维度讨论身体，即"为我"的身体（corps-pour-moi），"为他的存在"的身体（corps-pour-autrui），以及我的"为他"的身体（mon corps-pour-autrui）。我对我自身的认识无法摆脱身体的感知功能。萨特从被反思的意识的角度出发，认为我对我的身体永远不能有一种对象的认识，身体只有在"为他"时才能成为对象，即成为一个"为他的存在"，"为他"的存在才是向我显现的必要环节。简言之，"为我"的身体指己所是，"为他"的身体是指他人认为我所是，我的"为他"的身体则是指我面对他人时作为他人的我的身体。"为

---

① 倪梁康：《早期现象学运动中的特奥多尔·利普斯与埃德蒙德·胡塞尔——从移情心理学到同感现象学》，《中国高校社会科学》2013 年第 3 期。

② （法）梅洛-庞蒂著，姜志辉译：《知觉现象学》，北京：商务印书馆，2001 年，第 304 页。

③ Michel CONTAT et Michel RYBALKA, *Les écrits de Sartre*, Paris, Gallimard, 1970，p.562.

他"的身体与我的"为他"的身体之间的联系是意识要从他人处折返到我自身，促成我对自己的认识。

我对他人的理解同样离不开身体的感知功能。萨特从心灵不在场的特性出发，指出身体作为实在物无法被跨越的特征，即心灵之间的交流必须经由身体感觉的交流，即身体的中介作用来完成。在两个个体之间，首先是我的心灵和我的身体，其次是我的身体和他人的身体，最后才是他人的身体和他人的心灵。因此，不同主体之间的"共在"和理解首先是通过身体感知得以实现的。

依托身体的中介功能实现的"主体间性"是存在主义精神分析立论的前提和基础。从操作层面来讲，"情感同化"则是对他人经验进行理解的关键。

二、萨特"情感同化"概念的本质是审美同情

萨特在《家中的低能儿》中提出了"情感同化"这一概念。他早先并不赞赏福楼拜及其作品，然而多年后他阅读了福楼拜书信集才发觉自己的厌恶过于主观。于是萨特阅读了法国马克思主义学者罗杰·加罗蒂（Roger Garaudy）的著作，接受了后者的建议，采用存在主义精神分析法，考察和分析了福楼拜的一生，旨在对这位作家重新进行理解。他在《家中的低能儿》第一卷前言中这样写道："我最初的反感已经转变为共情，这是理解一个人必须有的态度。"[①]此后，萨特在访谈文章《关于〈家中的低能儿〉》中对如何理解福楼拜的被动性做出了解释，他指出："被动性的生成和发展，附带试图把握它的那个方法，同时还有内在性，即一些相互嵌入的想法，它们之间存在内在否定关系，简单说就是辩证关系。观点包含了这一切。我对概念与观念的区分对应于我对认识和理解的区分。为了理解一个人，就必定要采取情感同化法（empathie）。"[②]

"情感同化"也称为"共情"、"移情"、"同情"或"同感"（empathy）[③]。利普斯先于胡塞尔对"同感"进行了规定，他指出主体对于他人经验的认识主要是

---

① J.-P. SARTRE, *L'Idiot de la famille*, *Gustave Flaubert de* 1821 *à* 1857, Paris, Gallimard, 1988, p.8.

② 沈志明主编：《萨特文集》第 7 卷，北京：人民文学出版社，2005 年，第 354 页。

③ 我国早期一些译著普遍将"empathy"一词译为"移情"。倪梁康先生在对胡塞尔的研究当中倾向译为"同感"，杨春时先生在其美学研究中则使用"同情"一词。

通过"同感"来实现的。因此,利普斯认为"'同感'意味着一种认识方式,既不同于对外部事物及其规定性的感性的、直向的认识,也不同于对内心自我及其规定性的体验的、反思的认识,而是一种特殊的、涉及他者的认识方式或认识过程"①。

在胡塞尔对"共现"的研究中,"这个问题最初被冠之以'同感'的标题"②,且胡塞尔对"同感"的研究正是在利普斯的研究基础上开展起来的。但是无论是利普斯还是胡塞尔,他们对于他人经验的推断都是以"我"的本己体验作为参照,并没能够解决在本我缺乏某些身体感知尤其是缺乏某些特殊体验时,如何推断他人经验的问题。

德国当代哲学家施洛斯贝格(Matthias Schloßberg)对利普斯、胡塞尔等人的他人经验理论做了梳理,他指出,"最终与狄尔泰和利普斯一样,胡塞尔想要澄清对一个他者躯体的感知,并且因此也无法迈出比至此为止所介绍各个开端更进的一步,因为在此道路上对他者经验的说明会不可避免地陷入循环"。③从认识论出发的主体间性决定了其"同感"依然侧重理解,而忽略了同情。

海德格尔则把主体间性从认识论引向本体论,提出了"天地神人"和谐共在的思想,逐渐破除"同感"理论侧重"理解"的局限性,开始走向审美同情。伽达默尔则从视域融合的角度提出:"谁想理解,谁就从一开始便不能因为想尽可能彻底地和顽固地不听文本的见解而囿于他自己的偶然的前见解中——直到文本的见解成为可听见的并且取消了错误的理解为止。"④伽达默尔由此指出拘泥于本我经验的现实理解的局限性。以上研究表明,对他人经验的理解必须是审美同情与审美理解的同一才是充分的理解。

萨特在研究几位作家的过程中所进行的"情感同化"正是基于审美同情的

---

① 倪梁康:《早期现象学运动中的特奥多尔·利普斯与埃德蒙德·胡塞尔——从移情心理学到同感现象学》,《中国高校社会科学》2013年第3期。

② 倪梁康:《胡塞尔的交互主体性现象学》,《中山大学学报(社会科学版)》2014年第3期。

③ 施洛斯贝格:《他者经验:人类共在中的感受》,柏林:学院出版社,2005年,第12页。转引自倪梁康:《胡塞尔的交互主体性现象学》,《中山大学学报(社会科学版)》2014年第3期。

④ (德)伽达默尔著,洪汉鼎译:《诠释学Ⅰ:真理与方法》,北京:商务印书馆,2010年,第382页。

理解。他进行情感同化的素材主要是所有已被验证的,如日记、作品、书信、回忆录、访谈、图片等证物。萨特依据此类素材结合本己经验,对他人经验进行理解和逻辑推理。在《波德莱尔》《圣热内,喜剧演员和殉道者》《家中的低能儿》,甚至其自传小说《词语》当中,萨特通过对大量实证材料的剖析,不断追溯包括他自己在内的几位作家的童年经历,挖掘他们的原始谋划,对他们与写作之间的关系做出合理解释。然而对萨特而言,他所掌握的这些实证材料还不足以帮助他彻底还原个体命运的形成轨迹,尚有太多缺失的回忆和证据无从获取。对于这部分缺失的材料,萨特采取了想象作为对策,至此他对他人经验的研究又前进了一步。

在萨特看来,对于存在主义精神分析来说,想象与共情就其本质来说基本相同,都是获得他人经验的途径。他曾在访谈中提到,在撰写《家中的低能儿》的过程中所遇到的最大困难就是引入想象物。这里所说的"想象物"是萨特在《想象》一书中所陈述过的概念,即一个人的主要规定性(détermination)。他认为思想与话语都具有物质事实的特质,想象在意识的形成过程中同样可以起到证言的作用,其具体方法依然是在考证分析已有的实物证物的基础上,透过蛛丝马迹寻找彼此间的逻辑关系,最后运用想象将空白的时间和空间填补完整。

萨特在《家中的低能儿》前两卷出版之初曾放言,他在书中所描述的那个人并非福楼拜本人,而是"他想象出来的福楼拜"①。在诸多福楼拜的研究者和崇拜者眼里,这种想象不啻为"凭空捏造",因此饱受争议和质疑。然而面对质疑,萨特十分肯定自己笔下的福楼拜本来就应该是这个样子。萨特于 1971 年接受访谈时说:"我愿意人们把我的研究著作当成一部小说来读,因为它的确讲了一个人的修业故事,他的学业导致他终生的失败。同时我希望人们在读它的时候想到这些都是真的,这是部真实的小说。"②萨特坚持将真实和虚构进行有机融合的观点,他认为他的想象行为具有合理性以及绝对的真实性。

可以说,想象弥补了"情感同化"中缺失的部分,是加深对他人经验理解的方式。杨春时指出,理解和同情都指向想象。"理解即直觉想象,同情即情感

---

① J.-P. SARTRE, *Situations X*, Paris, Gallimard, 1976, p.114.
② 沈志明主编:《萨特文集》第 7 卷,北京:人民文学出版社,2005 年,第 353 页。

想象,他们都诉诸一种特殊的心理能力——想象力,并且共同构成非自觉意识。"①理解和同情是将自己想象为研究的对象,或者说把研究的对象想象为自己,才能实现与研究对象在价值与认知两方面的一致。从这一点来说,萨特主张运用想象对个体经验进行存在主义精神分析是可靠且可行的。

此外,从美学的角度来讲,想象更是生存超越的途径。"生存的超越性是说生存不是现成的、固定的、在场的、隶属于现实的,而是生成的、变动的、不在场的、指向自由的。"②只有通过想象,才能真正实现审美理解和审美同情的统一。萨特存在主义精神分析不仅是为了寻找对个体命运的理解与同情,同时也证明了个体存在的超越本质,即个体命运总是具有不断超越的特征。因此,存在主义精神分析理论彰显了想象与超越的辩证关系。

三、萨特存在主义精神分析的"审美同情"的特点

主体间性的"情感同化"理论不但为审美提供了理论基础,也为作家作品的研究提供了方法途径。批评家与作品或者作家之间,都是一种自我与他我的主体之间的关系。"在自我与他我的关系中,审美理解展开为自我(审美者)与他我(审美对象)之间的对话、问答,自我仿佛深入了审美对象的内在世界,倾听他的声音,理解他的思想感情,洞察他的性格、命运;同时自我也把自己的思想感情倾诉给对方,让对方倾听自己的声音,体察自己的内心世界,理解自己的命运、性格。"③

针对作家的文学批评正是批评家对作家个体经验的研究,即如何理解一位作家的人生及其创作经历。"情感同化"很早就被批评家们应用于作家研究。19 世纪法国文学批评家圣伯夫创造了"肖像批评"这一批评形式,开传记批评之先河。圣伯夫撰写了包括《十六世纪法国诗歌和法国戏剧概貌》《波

---

① 杨春时:《作为第一哲学的美学:存在、现象与审美》,北京:人民出版社,2015 年,第 333 页。

② 杨春时:《作为第一哲学的美学:存在、现象与审美》,北京:人民出版社,2015 年,第 333 页。

③ 杨春时:《作为第一哲学的美学:存在、现象与审美》,北京:人民出版社,2015 年,第 309 页。

尔——罗雅尔修道院史》等在内的数部作家传记批评。其"肖像批评"以追述作家生平为出发点,将作家的人生轨迹作为一幅肖像进行描绘。

圣伯夫在其肖像批评中大量运用了"情感同化"这一方法,尽管他并没有直接称之为"情感同化"或"同感"。他说:"在我的批评中,我竭力将我的灵魂融入别人的灵魂之中,我脱离自身,我包容他们,竭力体现他们,与他们融为一体。"[1]圣伯夫绘制的作家肖像呈现双重特征:一方面,他拒绝主观地把作家推上神坛;另一方面,他在关注作家私生活及其创作动机的同时,也把他创作的传记当作具有自主性的文学产品。因此,圣伯夫创作的"肖像"就像元语言,其本身成为独立自足的文学作品。这也决定了传记批评区别于编年史的基本特征,即传记批评不是作家人生事件的简单罗列,其本身应该是二次创作。萨特称自己的几部传记作品为"真实小说",实际上继承了圣伯夫这一原则。但是,作家"肖像"是由作家生平和作品批评共同构成的。圣伯夫将作家置于他所处的历史社会和家庭背景中,并带着某种特定的批评眼光,加入一些同情理解的成分,这还是以批评家的主体为主,重视被考察的作家的"社会的自我"。正如普鲁斯特所驳斥的,圣伯夫这种"肖像"式的外部批评无视作家的"深层的自我"。而萨特在收集材料方面也是一丝不苟。他在撰写几部传记作品之前,均花费了大量的时间收集手稿、通信、访谈和有关证人的回忆录,并对材料进行细致甄别。他通过"情感同化",从这些表面的材料中寻找作家"原始的危机",寻找"原始谋划",寻找这种"深层的自我"在创作生涯中的行动轨迹。萨特的"情感同化"的特点是:在批评家与传主的相互关系中,传主应当被看作主体,批评家尊重传主的主体地位,从而不把自己的意志强加于传主。

"情感同化"作为传记创作的有效方法在文学批评史上不乏例证。北美传记作家利昂·艾德尔(Leon Edel)就认为好的传记作品应该有作者的"移情"。研究者们发现,当今传记创作"另一个值得注意的倾向是传记家具有一种利用移情现象来达到对于传主的更好理解的自觉认识,并且认为,这种理解同时也是对于人性的某种普遍性的理解而成为我们的基本经验"[2]。伽达默尔也为

---

① Second Cahier d'Observations et Pensée de Sainte-Beuve, dit Cahier Brun, Collection Spoelberch de Lovenjoul, D573, p.123.转引自刘晖:《从圣伯夫出发——普鲁斯特驳圣伯夫之考证》,《外国文学评论》2008 年第 1 期。

② 赵山奎:《传记文学的移情问题探讨》,《国外文学》2005 年第 1 期。

传记中的"同感"提供了合理性解释,他说:"这样一种自身置入,既不是一个个性移入另一个个性中,也不是使另一个人受制于我们自己的标准,而总是意味着向一个更高的普遍性的提升,这种普遍性不仅克服了我们自己的个别性,而且也克服了那个他人的个别性。"①

但是与前辈们不同的是,萨特对僵化的"同感"持严厉的批评态度。保罗·布尔热是圣伯夫的追随者,他将福楼拜的写作生涯与年轻人的青春热血联系起来:"在他的少年时代,平常似乎就总是处在由他崇高的雄心和不可遏制的力量这双重的感情造成的持续不衰的狂热状态之中……他的青春之血的沸腾因此使他转向文学的激情,因而在将近18岁时他就进入具有早熟心灵的人之列,这些人运用犀利的文笔与纵横驰骋的想象,表明需要排遣那过多的行动与体验,这种需要折磨着早熟的心灵。"②

萨特则反对把福楼拜的复杂性格还原为简单的原始欲望或某种激情,因为人不是各种因素的简单集合。他提到了传统传记批评中所谓的文学"气质",他批判的"气质"论正是源自圣伯夫的个性和精神分类理论。萨特认为对人的分析不应该停留在对普遍模式的总结上,因为这种对人的理解方式仍然是最老套的对"一般联系"的把握,"单纯的经验描述只能给我们一些术语,并且使我们面对一些虚假的不可还原的东西(写作的、划船的欲望,对冒险的爱好、嫉妒等)。事实上,不仅应该编制行为的、意向的和爱好的清单,还应该辨认它们,就是说应该懂得对它们提出疑问"③。萨特认为应该在分析所有已有材料的基础上,进行逆溯还原,直到最后不可再还原的那个环节才可以停下来。所以在萨特看来,以圣伯夫和布尔热为代表的传记批评的弊端,就在于分析的过程没有进行到底就戛然而止,也许距离真相只有一步之遥。

此外,萨特存在主义精神分析在文学批评上的借鉴功能不局限于对作家命运的分析,也可以用于分析小说人物的创作问题。萨特认为,作家在塑造小说

---

① (德)伽达默尔著,洪汉鼎译:《诠释学Ⅰ:真理与方法》,北京:商务印书馆,2010年,第431页。

② (法)萨特著,陈宣良等译:《存在与虚无》,北京:生活·读书·新知三联书店,2007年,第676页。

③ (法)萨特著,陈宣良等译:《存在与虚无》,北京:生活·读书·新知三联书店,2007年,第689页。

人物时往往会运用"同感"或"移情"，并同时遵循虚构的合理性原则。他曾经撰写《弗朗索瓦·莫里亚克先生与自由》一文，评价同时代法国作家莫里亚克（François Mauriac）在《黑夜的终止》里为女人公苔蕾丝·德斯盖鲁（Thérèse Desqueyroux）安排的命运。他批评莫里亚克把自由当礼物送给他的女主人公，然而这个自由显然是作家强加给苔蕾丝的，并非她自己的选择。萨特说："作者基于让我们把握他的女主人公的性格，突然把理解的钥匙塞给我们。但是我恰恰认为他没有权利做出绝对的判决。"①萨特反对作者没有对小说人物进行真实化的理解就滥用绝对审判权。在萨特看来，这一要求不应仅仅针对作家，批评家也应具备比普通读者更加敏锐的目光，并始终将他人经验的合理性作为评判准则之一来评价小说的创作是否成功。

需要指出的是，萨特的存在主义哲学思想是建立在主体性理论上的，他强调主体的自由创造性和主观的能动性。主体性就是自主性，他认为人的本质是自由的，主体本质和意义的规定要由主体自身来选择。因此，人是自己的主人，能够决定自己的行为，把握自己的命运。萨特正是基于这个主体性理论来考察传主的行为和选择。此外，萨特在《存在与虚无》和《辩证理性批判》中分别阐述了个体"他人"与集体"他人"对"我"的影响，进而形成了主体性的"他者观"。在个体命运的形成过程中，"他者观"造成了"原始危机"。

萨特在传记写作上这种"审美同情"的"主体间性"践行，是批评家主体与传主主体之间的对话。但实际上，这不是平等的对话，批评家必须"悬置"先入之见，泯没自我，消融在传主原先经历的种种境遇中，想传主之所想，感传主之所感，努力"回溯""还原"传主的主体性。杨春时研究胡塞尔现象学时指出："胡塞尔的主体间性概念是在先验主体论的框架内提出的。"②同样，萨特的主体间性方法也是在存在主义主体论的框架内提出的。批评家主体与传主主体之间的关系是一种认识论的"主体间性"，随后，批评家对传主的考察始终强调传主的本体"主体性"。萨特在传记写作过程中将认识论的"主体间性"引向本体"主体性"，因此说在这里，萨特的"主体间性"与"主体性"并没有矛盾。

---

① 沈志明主编：《萨特文集》第 7 卷，北京：人民文学出版社，2005 年，第 27 页。

② 杨春时：《作为第一哲学的美学：存在、现象与审美》，北京：人民出版社，2015 年，第 235 页。

第二章

萨特三部传记批评著作概览

第一节　《波德莱尔》

　　萨特的《波德莱尔》(1947)不应被归入传统传记。这部作品没有按照编年顺序来讲述主人公的一生。主人公的生平遭遇虽然是分析的基础,但是该传记的侧重点明显有别于传统传记,或者说有别于批评界普遍对波德莱尔一生的评价。19 世纪的法国文坛对波德莱尔及其诗作《恶之花》褒贬不一,保守派认为波德莱尔的诗作颓废粗俗,而包括雨果和朗松(Gustave Lanson)在内的支持新生文学力量的文学家则或多或少地对其持肯定态度,认为波德莱尔的《恶之花》为当时的文坛带来了不一样的光芒。20 世纪的评论界重新审视这部堪称惊世骇俗的作品集,主流观点认为这是对旧社会旧秩序的控诉,是对旧势力的抗争与宣战。《恶之花》一书中充满各种恶的意象:阴暗潮湿的监牢、肮脏的蜘蛛与蜘蛛网、腐烂的尸体及蛆虫,波德莱尔表面上是在赞颂和歌颂丑陋的事物,从丑陋中发掘美,实则表达了作者追求真善美不得之后的失落与绝望。

　　在《波德莱尔》这部作品中,萨特引导我们以全新的视角去观察这个诗人的一生,我们能够看到萨特如何彻底颠覆了 20 世纪以来文坛对波德莱尔的主流评价。萨特在该书的第一个段落就将问题摆了出来。第一页的第一句话这样写道:"他的一生与他这个人不相称。"①这正是普遍的观点,波德莱尔是一位生不逢时的天才,他的时运不济令世人发出这样的感叹。萨特并没有直接反驳,他只是提出了质疑和假设:"他本人与他的一生难道真的有那么大的差别吗?假如他的一生与他这个人恰好相称呢?假如,和普遍接受的观念相反,人们的一生从来都是与他们相称的呢?"②做出这样一个与主流观点背道而驰的假设,萨特将要做的就是证明这一设想的正确性。该书的最后一句话则是这样的:"人对他自己所作的自由选择,与所谓的命运绝对等同。"③这样的开篇和结尾相互呼应,很好地揭示了这部书的宗旨。

这部《波德莱尔》形式自由,全书不分章节。当时评论界对其的评价并不友好,书评家们普遍认为这部作品篇幅过短,指摘文中缺乏必要的考据和引证,质疑萨特在书中所做的结论过于草率。事实上这些指责另有文本之外的原因,那就是公众无法忍受萨特用这部书替波德莱尔翻案,毕竟文学史上对其早有定论。这部书不是纯粹的文本分析,亦非单纯的波德莱尔的生平传记,而更像是一部基于作品的对其作者进行的精神分析著作。在这本书中,萨特第一次尝试一种他自创的方法,这就是他在《存在与虚无》第四卷第二章中所提出的存在主义精神分析法。在《波德莱尔》中,我们会看到我们所熟悉的方法——基于作品分析作家,以及从作家生平出发理解作品,萨特将这二者不着痕迹地糅合在一起;也会看到完全属于萨特自己的概念的应用——自欺,自在的存在与自为的存在以及超越,阅读之后我们会对诗人的人生及其作品有更深层次的把握。

应该说,该作品绝非萨特的自说自话,这部结合了传记、小说和杂文的作品是萨特基于各种事实依据而完成的,如波德莱尔的生平真实事件、他的作品、他的书信以及相关证人的证词。评论界对这本书的负面反应更多是情感因素占了主导地位,缺乏客观性的讨论。萨特的分析充满诗意,他结合波德莱尔的人生事件、书信与作品片段,逐次递进地证明自己的观点。

---

① (法)萨特著,施康强译:《波德莱尔》,北京:北京燕山出版社,2006年,第1页。
② (法)萨特著,施康强译:《波德莱尔》,北京:北京燕山出版社,2006年,第1页。
③ (法)萨特著,施康强译:《波德莱尔》,北京:北京燕山出版社,2006年,第149页。

一、从"自我"到"他人"以及波德莱尔的"超越"

（一）从"自我"到"他人"

萨特对波德莱尔的分析，是从其人生中的第一道裂痕开始的。这个裂痕是波德莱尔母亲的再嫁，也是波德莱尔人生当中的原始危机。波德莱尔六岁时父亲就去世了，他和母亲的关系非常亲密。萨特引用波德莱尔写给其母的书信中的一句话来证明这对母子的亲密关系："我始终活在你身上，你是唯一属于我的。你既是偶像，又是同志。"①这种情形一直持续到 1829 年 11 月，其母嫁给了奥比克将军。波德莱尔被寄养在别人家中，从此这种亲密关系被彻底打破了。

不少作家描述过跟母亲的分离，如玛格丽特·杜拉斯认为胎儿从子宫娩出的时刻就是人生的第一道剥离，萨特在《词语》中承认自己人生的断层是从母亲再婚开始的。虽然萨特并不认同弗洛伊德的"情结"说，然而必须指出的是，他对这一分离的描述与弗洛伊德学说中的"恋母情结"以及拉康结构主义精神分析学中的"镜像理论"②都有共通之处，因为他们都强调孩童在与母亲相处过程中不分彼此的同一关系。对于母子分离行为，他们之间的共同点也仅此而已，因为"恋母情结"中隐含着对父权从敌对到认同的过程，"镜像理论"也有相同的认识，但是萨特并不特别强调孩子对父权的态度。此外，萨特认为引发"原始危机"的原因可以呈现出各种不同的形式，孩童与母亲的分离是较为常见的一种。

在这种形式的分离中，人被从近乎完美的状态中剥离出来。波德莱尔正是这样，从那时起他开始意识到自己是和他人不同的人。他由于和母亲的分离而意识到自己和母亲并非一体，进而意识到自己和他人的不同。这个分离同时促使他开始俯视和观察自己。

萨特这样定义波德莱尔对自我的观察："波德莱尔的原初态度是个俯身观

---

① （法）萨特著，施康强译：《波德莱尔》，北京：北京燕山出版社，2006 年，第 2 页。

② 关于萨特对弗洛伊德学说的批判继承，以及对存在主义精神分析法与拉康结构主义精神分析学的对比，在本书第一章第三节中有详细阐述。

看者的态度","波德莱尔是个从不忘记自身的人"。① "波德莱尔与世界之间存在一个原初距离,它不同于我们与世界之间的距离;在物件与他之间始终隔着一种有点潮湿,气味很大的半透明性,犹如夏日热空气的颤动。"② 萨特认为,波德莱尔始终致力于找回自己。这种"找寻"其实对应着自为的存在如何面对自身的问题。波德莱尔把自己一分为二,他不但要做自己的见证人,而且要做自己的惩罚者,这是他面对自身的独特方式。萨特在波德莱尔的诗作中找到了证据:"我是伤口又是刀刃,是受刑者又是刽子手。"③(出自《恶之花——自虐者》,原文是:我是伤口和刀刃,我是耳光和脸颊,我是四肢与车轮,是受刑者与刽子手。萨特对原诗句做了删减。)萨特分析认为,波德莱尔要在自己身上实现相矛盾的二者合一。萨特在《存在与虚无》中论述如何自为地面对自身,因为一方面自为是对自在的存在的超越,另一方面把自身作为异己的他物加以认识。因此在萨特看来,波德莱尔把自身一分为二的做法是可以被理解的。

(二)波德莱尔的"超越"

萨特分析了波德莱尔的超越欲望。他从哲学角度指出,波德莱尔的超越具有无限性的特征。萨特注意到波德莱尔一生当中有相当多的事件或者计划却没有实施,或者有开始却没有继续下去,有始无终。萨特认为波德莱尔所提出的这些永远无法完成的计划是对他自身的超越。"因此他可能是用人的彼岸来给人下定义的第一人"④,这里"人的彼岸"即是人的超越性。萨特指出波德莱尔在《人工天堂》中的一句话:"我以为,对无限的感知偏离正道,正是所有有罪的过度行为的原因所在。"⑤萨特对波德莱尔的"无限"观念进行了解释:无限不是一个确定的无穷空间,而是永远无法终结的存在,是不确定的存在。"它是一个定向运动的隐约可见的、梦想的终点,几乎被触及,却永远够不着……"⑥

萨特能够提出这一点,首先是因为他发现波德莱尔的诗篇中反复出现"无

---

① (法)萨特著,施康强译:《波德莱尔》,北京:北京燕山出版社,2006 年,第 6 页。
② (法)萨特著,施康强译:《波德莱尔》,北京:北京燕山出版社,2006 年,第 7 页。
③ 转引自(法)萨特著,施康强译:《波德莱尔》,北京:北京燕山出版社,2006 年,第 10 页。
④ (法)萨特著,施康强译:《波德莱尔》,北京:北京燕山出版社,2006 年,第 19 页。
⑤ 转引自(法)萨特著,施康强译:《波德莱尔》,北京:北京燕山出版社,2006 年,第 19 页。
⑥ (法)萨特著,施康强译:《波德莱尔》,北京:北京燕山出版社,2006 年,第 20 页。

限"这个词,如在《遨游》中,"通过无限的感觉去梦想,延长时间",在《征服者》中,"没有一种刀尖比无限的尖端更锐利"。结合那些波德莱尔从未完成的计划和事件,萨特认为无限性在波德莱尔身上确实存在。萨特声称,"这种用未来确定现在,用尚未存在的东西来确定存在的东西的做法,他将之称为'不满足'"①,也就是哲学家称为"超越性"的概念。按照海德格尔的定义,人是一个"属于远方的存在",这种说法非常适用于波德莱尔,这也是萨特的"自为的存在"的精髓。同时萨特再次提出他对人的存在的认识,即人"更多地由他的目的和他的谋划终结,而不是由人们所知道的关于他的事情来定性"②。这句话同时道出了他撰写《波德莱尔》的初衷,即从谋划和选择的角度来了解一个人。

二、波德莱尔的"自为的存在"与自由观

萨特分析波德莱尔的性格中有如下特性:孤独、懒惰、厌倦、骄傲。这些恰恰都是萨特所说的被动性(passivité)的体现。萨特指出,能够显现波德莱尔的被动性的主要有以下行为:他计划去旅行,却几乎从未真正远游过;他希望自己始终被一道兼具善恶的目光所包围,这是因为他惧怕建立属于自己的道德规范;他希望周遭的一切是既成的,无论对错,他只需享用就好。从这些事例的罗列中我们似乎可以认为,波德莱尔一生很少主动做出选择,他只是在按照命运的安排随波逐流而已。但是这些只是表面现象,萨特认为波德莱尔的人生与他写下的诗句一样,都是经过了认真推敲和精心设计的。

(一)波德莱尔的"自为的存在"

萨特认为,波德莱尔的"自为的存在"与"自在的存在"彼此紧密联系。萨特指出,波德莱尔的"自在的存在"是对"物化"(réification)的要求,即"企图让自己在其他人眼中和他自己的眼中成为物"③。

萨特在《存在与虚无》中对三种存在做出了规定,其中现象的存在,即万物的静止不变的充实存在是自在的存在。在这个层面上,萨特认为波德莱尔渴

① (法)萨特著,施康强译:《波德莱尔》,北京:北京燕山出版社,2006年,第20页。
② (法)萨特著,施康强译:《波德莱尔》,北京:北京燕山出版社,2006年,第20页。
③ (法)萨特著,施康强译:《波德莱尔》,北京:北京燕山出版社,2006年,第54页。

望被物化就是一种对自在的存在的要求。同时，萨特指出波德莱尔的物化要求并不是把自己变成僵硬的随便什么物，而是这个物必须由他自己选择且由他自己掌控支配，因此他的物化要求同时包含了对"自为的存在"的需求。按照萨特的解释，自为的存在是人对自身存在和自由的意识，是朝着自在的存在的努力。萨特认为波德莱尔不愿意彻底成为自在的存在或自为的存在，他在这两种存在之间摇摆不定。"他刚让自己走向两种决定中的一种，马上就躲藏到另一种之中。"①

波德莱尔的"自为的存在"在面对其他存在的时候符合萨特对"面对"的定义：这是一种不需要中介的直接关系。波德莱尔的上帝与人类之间没有中间人——耶稣基督，因为他本人并不渴望上帝的宠爱和关怀，他需要的是一种能够"包围他、承担他的纯粹外部目光"。可以这样认为，他对上帝的信赖并非因为他是一个虔诚的基督徒，而是他把上帝的存在视为自在的存在，具有原始偶然性的存在。他将上帝的存在归结为一个理由，即"一切存在皆有理由"，进一步，他对自身的存在也不抱怀疑，他这样解释："因我的存在有个目的。什么目的？我不知道。因此不是我标出这个目的的。因此是某个比我更有学问的人做的。因此必须求这个人指点我。这是最高明的做法。"②

波德莱尔甚至在上帝之外还指定了"某人"，这个更高明的人可以为他指点迷津（《赤裸裸呈上我的心》）。萨特分析，这个某人并不是固定的某一个人，"某人"的面目经常变换，比如波德莱尔的继父奥比克将军（Aupick）。萨特在这里驳斥了波德莱尔爱恋继父的说法，他认为奥比克将军扮演的正是这个高高在上的某人角色，萨特是这样说的："他终生抱怨继父对他严厉，其实这正是他要求的。"③

在波德莱尔的意念中，作为审判者的"某人"的面貌随时都在发生变化，他可以是上帝，可以是奥比克将军，可以是他的母亲，可以是法官，也可以是法兰西学院的院士。这些人有着共性，那就是以严厉的态度对待他、指责他。萨特注意到，波德莱尔的财产监管人、公证人安塞勒（Ancelle）并没有位列审判人

---

① （法）萨特著，施康强译：《波德莱尔》，北京：北京燕山出版社，2006年，第54页。

② 转引自（法）萨特著，施康强译：《波德莱尔》，北京：北京燕山出版社，2006年，第38页。

③ （法）萨特著，施康强译：《波德莱尔》，北京：北京燕山出版社，2006年，第39页。

当中。波德莱尔终生受制于安塞勒,对其怨恨至极,甚至在给他母亲的数封信件中扬言要干掉安塞勒。这样一个站在波德莱尔对立面的角色为什么不具备审判者的特征？萨特这样解释:在波德莱尔的一生当中,最具有"某人"特质的依然是他的母亲。他的母亲最初并不具有他继父严苛的性格,但在继父过世之后,他母亲逐渐取代了这个审判者的角色,并且如将军魂魄附身一般,也开始严厉要求自己的儿子。从前温柔的母亲变得苛刻难以亲近,波德莱尔对她的敬畏与日俱增。

萨特在分析波德莱尔的自为的存在时,认为面对"他人"对于波德莱尔来说至关重要。当波德莱尔要求被"物化"时,"他人"是他周围的旁观者;当他希望得到对人生意义的解释时,"他人"就是上帝;而当他需要别人来审判他的时候,"他人"就是奥比克将军,也可以是他改嫁的母亲。

（二）波德莱尔的"自由观"

萨特分析,波德莱尔虽然热爱自由,但是他在自由面前感到恐惧,因为"自由必定引向绝对孤独和完全责任"①,这是波德莱尔无法承担的重负。于是他一边挑战着社会道德标准,一边找寻来自制度守护者的裁决和审判,这样一来他可以既享受自由又不至于丧失安全感。他"是在有意识的作恶时,而且通过他在恶中的意识依附善的"②,这便是波德莱尔的阴谋,他对人生的谋划。他企图给自己一种责任有限的自由,而不是无限无边界的绝对自由,因为那只会使他恐慌。

此外,波德莱尔厌恶墨守成规的事情,以及遵守既成的社会框架。在这里萨特分析了波德莱尔写诗的原因。波德莱尔厌恶一切有用的事物和行动,因为有用的必定是为了达到一定的目的。他的诗是无目的或者说是无用的,这些超越现实的诗句是代用品,代替了他对自主行动的向往。但是写诗也不能完全满足他的自由愿望,于是他只剩一条路好走,即选择恶。波德莱尔绝不是雨果笔下的冉阿让。冉阿让被饥饿所迫去偷面包,他知道偷窃是恶却不得不做。而波德莱尔正因为知道是恶他才要去做,他是故意为之。萨特从而证明了为什么波德莱尔需要严厉的法官,因为宽容、理解会减轻他的罪名,会削弱

① （法）萨特著,施康强译:《波德莱尔》,北京:北京燕山出版社,2006 年,第 45 页。
② （法）萨特著,施康强译:《波德莱尔》,北京:北京燕山出版社,2006 年,第 44 页。

他的自由,这不是他想要的。

三、善恶观、自欺以及对痛苦的审美

(一)游走在善恶之间

萨特是从波德莱尔对待"享乐"的态度中窥探到其善恶观的。萨特认为,波德莱尔从来不会深陷于感官享乐中,因为他在享乐之后立刻会感到悔恨,并受到审判者的谴责。这样的快乐不是极致的,而是节制的,这样的快乐让他感到安全,他不是在忘情体会快乐,更多的是在观望快乐。萨特这一分析看起来没有先证,他似乎是直接得出了这个结论,并进一步用这一观点来解释波德莱尔的诗歌。但是我们认为,萨特在做这个结论之前是把波德莱尔的诗歌作为证据来考察的。萨特始终认为波德莱尔游移于自在的存在和自为的存在之间。当他刚决定要选择其中一种存在方式的时候,就会下意识立即向另一种对立的生存方式寻求庇护。萨特的解释是,当波德莱尔感到自己在审判官眼里是有罪的自在之物时,他本能地开始用所谓的恶行来彰显自己的自由。可当他在自由世界翱翔到即将失去边界感的时候,他又赶紧回到这个善恶既定的现世来,用现存的道德法则鞭笞自己。这种精神分裂表明了波德莱尔容忍自己的双重性。萨特认为波德莱尔所有行为和思想都包含了这样的双重性,即"为了能实现恶,他维护善。如果他作恶,这是为了向善致敬"[①]。这样的双重性相互制约,彼此毁灭。

萨特在波德莱尔的诗作中于最细微之处发现了诗人对"恶"的爱好。波德莱尔的《断想集》中有这样的诗句:"猫咪,咪咪。小咪,我的猫,我的狼,我的小猴子,大猴子,大蛇,我忧郁的小毛驴。"[②]法国学者帕特里克·拉巴特[③](Patrick Labarthe)在他撰写的《波德莱尔与讽喻的传统》[④]一书中指出,这一段类似儿

---

① (法)萨特著,施康强译:《波德莱尔》,北京:北京燕山出版社,2006年,第55页。

② 转引自(法)萨特著,施康强译:《波德莱尔》,北京:北京燕山出版社,2006年,第21页。

③ 帕特里克·拉巴特曾先后在里昂二大、巴黎三大教授法国文学,现任苏黎世大学法国文学教授,波德莱尔研究专家。

④ Patrick LABARTHE, *Baudelaire et la tradition de l'allégorie*, Genève, DROZ, 1999.

语的呢喃是波德莱尔在情欲中沉醉晕眩和迷失自我的一种表现。而萨特认为这句诗中出现的动物体现了波德莱尔爱情观里撒旦或兽性的一面，是"指向撒旦的诉求"①，也是对"恶"的向往。在西方传统文化中，上述几种动物的确都是"恶"的化身：猫是撒旦的变身，它总是与霉运、灾难联系在一起，并且带有阴险与女性的特征；狼在天主教文化中历来是魔鬼与邪恶的象征；蛇更是诱使亚当和夏娃犯下原罪的始作俑者，是狡黠的代名词；至于驴子，则是蠢笨与固执的象征。萨特认为在波德莱尔的身上，天使的一面和魔鬼的一面处于非静止的状态，"这是两个既方向相反又是同样离心的运动的交错，其中一个向上，另一个向下"②。萨特指出，波德莱尔对善与恶的两种诉求都体现了他的超越性，即对他的自在的存在的超越。这两种诉求虽然表面上完全对立，但是因为它们的目标一致，所以能够以不稳定的方式在波德莱尔身上统一起来。

（二）波德莱尔的自欺

"这个特殊灵魂生活在自欺中。"③萨特这样描述波德莱尔。在对各种"谋划"进行还原并试图最终发现"原始谋划"的过程中，最先呈现给我们的素材依然是各种各样、千奇百怪的具体行为。这些看似最不可理喻的行为都有一个共同的属性，那就是"自欺"。

萨特认为，"原始谋划"是伴随着"自欺"产生的。"自欺"是人在面对虚无所带来的焦虑感（angoisse）时所产生的逃避行为。焦虑的原因通常是"我"对自己对处境的反应产生了怀疑，比如"对恐惧的恐惧"就是一种焦虑。恐惧常常是因为具体事件引发的情绪反应，但是"对恐惧的恐惧"描述的是"我"对"我自己"对某种处境会产生恐惧情绪这一点表示怀疑和不确定。因此，焦虑并不指向具体事件，而是朝向自身的。

克尔凯郭尔和海德格尔都考察过"焦虑"。克尔凯郭尔认为焦虑是在自由面前的焦虑；而海德格尔认为焦虑是对虚无的把握。萨特则更进一步，他认为人在焦虑中获得了对自由的意识，焦虑是作为反思意识的结构出现的。为了驱赶和逃避这种焦虑情绪，"我"必须要"自欺"。因为"我"如果要向"我"自身

---

① （法）萨特著，施康强译：《波德莱尔》，北京：北京燕山出版社，2006年，第21页。
② （法）萨特著，施康强译：《波德莱尔》，北京：北京燕山出版社，2006年，第21页。
③ （法）萨特著，施康强译：《波德莱尔》，北京：北京燕山出版社，2006年，第55页。

掩盖"我"的焦虑,那么最好的方法不是脱离它,而是通过经常想它才能达到习以为常不去想它的境地。萨特认为,"应该懂得,我不仅必须永远将我想逃避的东西携带在'我'身上,而且同样,为了逃避我害怕的对象,我应该追随它"①。自欺最终的结果是为了逃避焦虑而成为焦虑本身。

萨特在《存在与虚无》中对"自欺"的定义是意识对自己的掩盖和撒谎行为。也就是意识在肉体中自我构成一种可能性的虚无化,是自我否定,是人在意识与行为的统一中努力要消除其提出的东西。意识提供要人相信的东西是为了遮蔽真相,它的肯定是为了否定,而它的否定则是为了肯定。这样一种自我否定的行为就是自欺。自欺同时也是一种超越行为,是人对自身掩盖真情。

自欺与通常意义上的说谎有着本质区别。首先,说谎的对象是他人,而自欺的对象是自身。其次,说谎作为一种否定行为,并不指向意识本身,它针对的只是超越的东西,而自欺指向意识,是在同一个意识里表现出来的存在与不存在的统一。

关于自欺的目的,萨特解释说:"自欺的原始活动是为了逃避人们不能逃避的东西,为了逃避人们所是的东西。然而,逃避的谋划本身向自欺揭示了存在内部的内在分裂,自欺希望成为的正是这种分裂。"②一个自欺的人,通过承认所有归咎于自己的行为——他为了生存下去必须不断通过自欺来进行逃避——以避开集体的可怕审判。通过"我不是我所是"这个逻辑,自欺的人完成一次又一次的自我拯救。

自欺的行为方式千变万化,在日常生活中非常普遍,比如自欺可以是表演。萨特在《存在与虚无》中举了几个例子,包括初次赴约的女子和咖啡馆的侍者,其中咖啡馆侍者的例子相当能够说明问题。萨特描述了咖啡馆侍者在咖啡馆里端着盘子穿梭自如的身姿举止,他所有的语言、表情和行动都符合一个熟练侍者的身份,而这一切都像游戏和表演。他通过他的身体表演来实现这一身份。这个身份所附带的一切行为和语言标准都是公众舆论所要求的。但是在他下班走出咖啡馆之后,他就跟这个身份再无瓜葛。"如果我代表这主

① (法)萨特著,陈宣良等译:《存在与虚无》,北京:生活·读书·新知三联书店,2007年,第75页。
② (法)萨特著,陈宣良等译:《存在与虚无》,北京:生活·读书·新知三联书店,2007年,第106页。

体,我全然不是他,我与他分离,正如主体和对象被乌有分离一样,但是这乌有把我从主体中孤立出来,我不能是他,我只能扮演他,就是说,只能想象我是他。"①这就是萨特的"我是我所不是"和"我不是我所是"的命题。这个命题的公设就是,我按照自在的样式已经是我应该是的。这种运动是可逆的,即从是其所是的存在向不是其所是的存在永恒的过渡,反之亦然,即从不是其所是的存在向着是其所是的存在永恒过渡。其目的就是逃避自己所是,或者说对自己所是的否定。

萨特证实波德莱尔正是通过自欺的行为游走于"善"与"恶"两个世界。通过自欺性质的表演行为,波德莱尔不断掩盖着真实的自己。但麻烦的是,他的表演常常太过投入,他时常会被自己忽左忽右的选择弄得无所适从,他甚至承认无法辨认自己灵魂的真实性。萨特没有像其他心理分析家那样不负责任地用潜意识或者无意识来解释这个现象,他直击问题的核心:"波德莱尔的此一选择,这便是他的意识,他的主要谋划。"②波德莱尔的选择从原初分析就是自欺性质的。波德莱尔判定自己是有罪的。萨特指出,波德莱尔的罪恶感并非结果,而是他做出的选择。这里的罪恶感和犯罪的关系有悖于我们通常的认知,即犯罪之后产生罪恶感。波德莱尔对自己的判决先于罪行的实施。他对自己的判决是真诚的,绝非糊弄世人或是为自己开脱。

(三)"痛苦主义"中的审美

萨特确认,在波德莱尔的一生中,除了他母亲的再婚,几乎没有什么事件是他意料之外的,因此完全不存在"不幸"二字,一切都是他自找的,甚至是他自己千方百计寻求的。比如他希望受到来自家庭的惩罚,果然母亲和继父给他所需;他渴望自己的诗作受到社会的谴责,这一愿望也得偿所愿了;他竞选法兰西院士并遭到失败也是他自己的谋划,甚至连他是同性恋者的谣言也是他自己去散播的。所以,波德莱尔这一生的痛苦是他自己选择的结果。对于波德莱尔的"痛苦主义",萨特反驳了一些天主教批评家关于波德莱尔寻求痛苦、以苦修得到救赎的论断。杜博、富美、马森这些批评家提出的证明是波德

---

① （法）萨特著,陈宣良等译:《存在与虚无》,北京:生活·读书·新知三联书店,2007年,第93页。

② （法）萨特著,施康强译:《波德莱尔》,北京:北京燕山出版社,2006年,第56页。

莱尔诗作中对痛苦的描述,如《祝福》中的这两句诗:

> 祝福你,天主,你赐予的苦闷,
>
> 就是治疗我们的污垢的良药。

　　萨特质疑波德莱尔对痛苦的理解,即诗人是否真的感到了痛苦。萨特从波德莱尔的书信中发现了端倪。波德莱尔在相近的时间段内分别写给他的母亲和朋友的信件中完全显现出不同的感受。他一面对母亲抱怨生活艰难,甚至起了自杀念头,一面对朋友提到自己的人生经历时用的却是得意与满足的语气。萨特认为后者更为真实可靠,而他对母亲讲的话不能说不真诚,但至少是有目的的。目的之一很好理解,即他希望母亲为他的窘境与痛苦感到内疚。目的之二则重点体现了他与母亲所代表的道德机器之间复杂微妙的关系。萨特分析过波德莱尔对于约束是既爱又恨,他渴望挣脱约束,却惧怕无边界的自由。于是他宣扬和加倍夸大他的痛苦,做出一幅受到了惩罚的样子,而审判者们不但可以平息怒气甚至会感到对他的惩罚过分了。波德莱尔则因为"受到惩罚"平衡了与审判者之间的关系,甚至产生了优越感,因为从此便是他们欠他的了。萨特断言,波德莱尔的痛苦是伪装出来的,同时他又补充说明伪装的情感与真实体验的情感之间有时并无差别。这如同基督教和佛教中的苦行僧,他们从刻意的受苦行为中体验到快感,这种快感不是肉体层面的,而是来自精神层面。苦行僧通过苦修接近了超脱和升华,距离他们的真神也更近了一步。

　　萨特在另一封未完成的信件中再次发现了证据。波德莱尔在给 J.雅南的信件草稿中贬斥了"庸俗"的幸福观,他声称热爱死亡和痛苦更为高雅。从这里我们可以看出波德莱尔绝非刻意寻求苦难、自我折磨的苦行僧,他对痛苦的偏爱实则是一种审美趣味。

　　关于波德莱尔这独特的对痛苦的审美趣味,萨特也做了分析。对于波德莱尔来说,痛苦从不是突如其来的情感冲击,而是一种恒定的心理状态。他厌恶幸福,热爱痛苦,但必须是经过反思的痛苦。波德莱尔对痛苦也有区分,他并不欣赏当下所能够感知到的痛苦,而是经过了时间沉淀之后对之前痛苦的反思,这时痛苦已经演变为忧郁。对此,萨特指出诗人的作品中反复出现令人同情的老妇人形象,而不是风华正茂的年轻女性,是因为后者的痛苦未经反思,依然是庸俗的。波德莱尔对痛苦做的时间上的区分再次印证了他左右摇摆的性格,对任何事物都不愿意直接面对,他必定要隔着一层面纱才感觉到安全。这里不但包括了他的敌人,他自身的情感,甚至还有欲望。

萨特认为波德莱尔热爱痛苦的原因是他的不满足。这也是人的超越性的表现,即永远向往着彼岸。但是波德莱尔的超越又有所不同,因为他不具备行动力,所以他的超越从来都是短时的,仅仅停留在原则的层面,他的彼岸是没有边界的世界,他自己也不知道要去往何方。

四、浪荡子的阶级属性

(一)"他人"眼中的浪荡子

萨特分析了波德莱尔身上浪荡公子哥的作派。萨特发现,对于波德莱尔来说,"浪荡作风代表一种比诗更高的理想"①。

然而,萨特进一步指出,事实上波德莱尔并不十分符合他那个时代浪荡子的形象,他只是暂时求助于这个形象而已。萨特从波德莱尔在《浪漫派艺术:现代生活的画家(九)·浪荡子》中的一段话解读出他身上的浪荡作风是自我的努力要求,如同教士从早到晚无可指摘的衣着言行,是通过"强化意志制服灵魂的锻炼"。波德莱尔貌似放荡不羁,实际上是从各个方面对自己进行吹毛求疵的苛求。他对无限自由这一深渊既怕又爱,于是用无数的戒律来约束自己,这些戒律在更深的层次上代表着他的理想。萨特反驳了公众对于波德莱尔"放任自流"的评判。萨特认为,从自我约束这点来看,波德莱尔从未放松过,他时刻处于紧张之中,始终致力于"占有自身",即如何面对自身的问题,"在善中和在恶中一样,人处于紧张的极点时才真正是他自己"②。

同时,据萨特的分析,波德莱尔的衣着打扮并不完全符合当时的浪荡子形象——崇尚贵族式的简单风格,体现阳刚之气。而波德莱尔染色的头发和发卷,修剪整齐的指甲和玫瑰红的手套,均为真正的浪荡子所鄙夷和不齿;他在

---

① (法)萨特著,施康强译:《波德莱尔》,北京:北京燕山出版社,2006年,第109页。
② (法)萨特著,施康强译:《波德莱尔》,北京:北京燕山出版社,2006年,第100页。

公众面前的行为举止与阳刚气息相去甚远。萨特在书中摘录了一段卡米叶·勒莫尼埃①(Camille Lemonnier)对波德莱尔的经典描写:"波德莱尔迈着缓慢的脚步,以一种略带摇摆,稍微女性化的姿态穿过拿穆尔门的土台。他留心避开粪堆,假如下雨,他就踮起漆皮浅口鞋尖跳跃前进,他喜欢观看在鞋面上映出的自己的身影。胡子刮得干干净净,头发卷成螺旋状掠向脑后,衬衣洁白的软领超出宽袖长外套的领子,那样子既像教士,又像演员。"②这样的装扮无疑让人联想到同性恋者,而萨特认为这恰恰是波德莱尔用于对付他人目光的一个伎俩。上文我们已分析了波德莱尔与他的审判者之间的关系。与那几个选定的审判者在一起,他感到安全自在。但是处于陌生人的注视之下的波德莱尔则无法玩起他所熟悉的把戏。在街头陌生人对他的随意一瞥足以让他感到愤怒和不自在,因为目光的主人可以不动声色地对他的身份进行归类和猜想,而他对这样的主观判断毫无反抗之力。波德莱尔没有屈服于这样的局面,他以他特有的方式对抗无处不在的陌生目光。他用具有女性气息的、同性恋特征的衣着将自己打扮起来,首先如同为自己披上了厚厚的盔甲,在其庇护之下,他再次找到了安全感。其次,他用奇装异服代替他自己的目光去迎视他人,充满了挑衅和嘲讽的意味。

萨特通过镜子的功能进一步揭发了波德莱尔浪荡作派的真实意图。萨特认为,波德莱尔面对镜子寻找的正是"他为自己构造的那个自己"③,是另一个自己。对于波德莱尔来说,镜子里的这个影像从外观到思想情感都由他自己掌控,如同他扮演的角色,一切由他说了算。萨特指出,乔装打扮的行为改变了波德莱尔原有的消极性,他主动要求的新形象是他积极性的反映。这一举动是波德莱尔为消除他在自在的存在和自为的存在之间的矛盾而做出的努力,也是他的超越性的显现。

(二)波德莱尔的阶级属性

虽然《波德莱尔》是萨特运用存在主义精神分析法的早期作品,但是萨特

①　卡米叶·勒莫尼埃(1844—1913),比利时作家。

②　转引自(法)萨特著,施康强译:《波德莱尔》,北京:北京燕山出版社,2006年,第111页。

③　(法)萨特著,施康强译:《波德莱尔》,北京:北京燕山出版社,2006年,第118页。

已经考虑到对象人物的阶级属性的问题，他认为波德莱尔的个例在一定程度上反映了19世纪法国作家群体的社会地位问题。

萨特指出，波德莱尔的浪荡子做派实则是某种诉求的外在表现，即他希望通过这一表现能够跻身贵族阶层。萨特所指的贵族阶层是法国大革命之前封建王朝之下的血统贵族阶层。这个贵族阶层极为封闭，"难以消灭，因为他们这一种类将建立在最珍贵、最难以摧毁的能力之上，建立在劳动和金钱所不能给予的天赋之上"①。18世纪及之前的法国作家没有独立的社会地位，他们用作品从贵族那里换取精神上的赞赏和物质上的回报。萨特说，"职业作家不论其出身，不管他是私生子、刀叉匠的儿子还是戴圆帽的法院院长②，都越过资产阶级，与这个贵族阶级直接发生关系"。但他们的尴尬之处在于，他们往往出身于资产阶级却瞧不起自己的出身，他们依附于贵族阶层，却无法真正获得这个阶层的阶级属性。波德莱尔通过外在的浪荡子风格，象征性地脱离自己的原生阶级，在精神层面与贵族阶层达成融合。萨特认为福楼拜也不能摆脱同样的命运。福楼拜出身于资产阶级家庭，但是他并不认可自己的阶级属性，他"选择了越过时代，把手伸给塞万提斯、拉伯雷和维吉尔"③，来实现与自己阶级的决裂。

萨特对波德莱尔阶级属性的分析在《波德莱尔》中尚不够透彻深入，但是我们已经能够看到他从《存在与虚无》一书开始所做的反思，即绝对的主体自由不可实现，必须要在具体的历史和社会层面上来理解主体的自由。

《波德莱尔》是萨特运用存在主义精神分析法的最早的一部作品。如果我们将之与《圣热内，喜剧演员和殉道者》《家中的低能儿》以及《词语》这三部作品做对比，就会发现，萨特对波德莱尔的分析还有着形式和内容方面的不确定性。形式是指这部作品的各个主题不明晰，叙述线索稍显混乱；内容方面是指萨特所掌握的关于波德莱尔的证言与资料不如后面几部作品丰富，因此对某些节点的论证不够有力，比如对波德莱尔阶级属性的论证。但最主要的原因

---

① （法）萨特著，施康强译：《波德莱尔》，北京：北京燕山出版社，2006年，第102页。

② 私生子指达朗贝尔，刀叉匠的儿子指狄德罗，戴圆帽的法院院长指孟德斯鸠，三者都是启蒙作家。——转引自（法）萨特著，施康强译：《波德莱尔》，北京：北京燕山出版社，2006年，第102页。

③ （法）萨特著，施康强译：《波德莱尔》，北京：北京燕山出版社，2006年，第105页。

还在于，萨特在这一时期对存在主义精神分析法的应用还处在尝试阶段，此外他对马克思主义理论的接受与融合尚未开始，还无法从历史与社会的宏观视角去剖析人的存在。

不过，萨特在《波德莱尔》里已经把存在主义精神分析法的最基本论题呈现给了读者，那就是对"原始选择"的探寻。萨特认为，波德莱尔的那交织着痛苦的快感，他的浪荡作风，以及不断地用搬家代替旅行等等不可理喻、自相矛盾的行为背后，隐藏着一个巨大的主题——"这就是波德莱尔对自己做的原初选择"①。从这个选择出发，有关波德莱尔的一切都可以得到解释。人们曾经认为波德莱尔的人生是随波逐流的悲惨的一生，而萨特为我们证明这样的人生是波德莱尔"自己精心编织的"②。

第二节　《圣热内，喜剧演员和殉道者》

让·热内(1910—1986)是 20 世纪法国著名作家、诗人和戏剧家。他身上打着若干惊世骇俗的烙印：曾经的小偷、同性恋、"鸡奸犯"。他的前半生被冠以腐败堕落之名，直到 1943 年他出版了第一部小说《鲜花圣母》，他的文学天分才得以展现在世人面前。在巴黎文坛最先发现热内的人是法国诗人、小说家让·谷克多(Jean Cocteau)，也是在他的努力之下，热内免受第三次囹圄之苦；而萨特是对他有知遇之恩的第一位伯乐。萨特和谷克多一致认为热内是当代法国文坛的奇才，并为他争取各种出人头地的机会。

萨特为热内作传并非事出偶然。萨特与热内深入交谈过多次之后，1952年萨特决定为热内的作品全集做序言。而序言本身也成为萨特继《波德莱尔》之后的又一部存在主义精神分析之作。《圣热内，喜剧演员和殉道者》这样一篇近七百页的序言显然已经超出了传记的范畴，这应该是一部对热内进行萨特式精神分析的代表作，同时是对于传统道德观的反思和拷问。而且这部作

---

① (法)萨特著，施康强译：《波德莱尔》，北京：北京燕山出版社，2006 年，第 148 页。
② (法)萨特著，施康强译：《波德莱尔》，北京：北京燕山出版社，2006 年，第 148 页。

品在某种程度上是衔接《存在与虚无》和《辩证理性批判》两部哲学著作的桥梁,可以证明萨特的这两部著作保持着传承关系,并无真正意义上的断层。

与萨特所分析的其他几个人物相对比,如波德莱尔、丁托列托、福楼拜及马拉美,他们早已离世,而《圣热内,喜剧演员和殉道者》的研究对象尚在人间。萨特后来谈到《家中的低能儿》时提出这样一种观点:对在世的人进行整体化的理解是不可能的,因为只存在"终结的整体性"①,即对已经终结的生命才能做到从始至终的还原,死亡才是整体化的起点。萨特的这一反思并非对《圣热内,喜剧演员和殉道者》的否定,因为他关于整体化理解的观点一直在发生变化。不过,《圣热内,喜剧演员和殉道者》问世之后对热内本人造成了极大的困扰,以至于他无法继续小说创作。热内坦承自己在整整十年期间没有再写过小说,而是转向戏剧创作。而事实上,当时热内的小说创作很可能即将遭遇瓶颈,他自己也在努力寻求出路,萨特的这部作品无非加速了他内在压力的爆发。

萨特在这部作品里像做一次复杂的戏剧赏析。萨特用他自己提出的渐进—逆退法,按照时间顺序回顾热内的人生进程,并把热内的几次身份转变作为研究的基点,通过细致解读热内本人及其作品,最后为大家揭晓谜底——热内如何从一个小偷、同性恋和"鸡奸犯"变成了小说家和诗人。

萨特在书中解释了创作的初衷是"证明经验主义精神分析和马克思主义精神分析的局限性,只有自由观才能从总体上解释一个人。个人即使受尽宿命的折磨,依然会因为对自由的向往咬紧牙关把痛苦自我消化掉,与命运抗争。我要证明所谓天赋并非上天赐予的,而是在各种逆境中自我创造出来的。我要在他的写作题材和文字风格里,乃至他的个人形象和特殊爱好里寻找蛛丝马迹,重塑他为自己选择的人生道路和价值观,以及他选择要做的那个自己。我要再现这样一个自我解放的过程。这就是我想做的,读者会证明我是否做到了"②。萨特本人也认为,《圣热内,喜剧演员和殉道者》是他所有作品中对自由观的阐述最为充分的。

---

① 《Sur L'Idiot de la famille》, propos recueillis par Michel CONTAT et Michel RYBALKA, *Le Monde*, 17 avril 1971. Repris dans《Entretiens sur moi-même》, Situations X, *Paris*, *Gallimard*, 1976, *p.*111.

② J.-P. SARTRE, *Saint Genet*, *comédien et martyr*, Paris, Gallimard, 2006, p.645.

一、身份转换中的自由要求

在萨特的哲学论述当中,自由始终是中心问题。而第二次世界大战之后,萨特的一个重大变化就是把自由纳入了真实体验(l'expérience vraie,即社会体验)的范畴进行考量。萨特在1970年接受一次访谈时再次强调了他对自由概念的重视,以及他计划从社会体验的角度去充实对自由概念的论证。这段访谈先收入了《境况种种》第九卷中。"战后,真实的体验出现了,也就是对社会的体验。但我相信对于我来说还是有必要先考察关于英雄主义的神话。我的意思是我要选一个战前的人,这个人应该是司汤达式的个人主义者。他被历史的洪流裹挟着,身不由己,却依然保留着说不的权利,唯有如此,才能够像一个完全入世的人一般去面对战后的各种复杂状况,有足够的决心能够重新接受处境并将之承担起来。因为我一直以来想要深入论证的观点,就是每个人都要对发生在自身的一切负责——即使仅仅为此承担责任而已。我相信任何人面对命运都能够做些什么。我目前把自由定义为一个行动,这个行动能够把完全受制于环境的人变成一个不完全被环境塑造的人;比如,热内是如何成为诗人的,即便他所经历的一切都指向小偷这样一个身份。"①

萨特的"自由先于本质"的命题,意味着人存在的本质悬置于自由当中。自由是行动,是主体试图摆脱自在的存在向着自为的存在的努力。意识通过虚无化的行动从自在状态中努力脱离,自我否定,并在这种不断否定的过程中把握自己,这就是超越。萨特在《圣热内,喜剧演员和殉道者》一书中通过逆退法还原了热内的三次身份的转变:窃贼、审美者和作家。热内的人生正是通过这三次变身来完成否定与超越,以及对自由的不辍追寻。

(一)第一次变身——窃贼

热内是私生子,出生七个月即被生母抛弃,之后被莫尔温(Morvan)当地一对从事饲养业的农民夫妇收留抚养。这对夫妇虽然没有文化,但还是给热内提供了一个普通孩子应有的教育条件。

---

① J.-P. SARTRE, *Situations IX*, Paris, Gallimard, 1972, pp.101-102.

热内人生中第一次偷盗行为发生在 7 岁①，而且恰好被养父母撞见。萨特相当看中这个事件对童年热内的影响。萨特认为，儿童原始危机的发生常常是因为父母的态度和立场。对孩子来说，成年人尤其是被孩子所倚靠的父母，其地位犹如神明，言谈如同神谕。萨特在《波德莱尔》中表述过这个观点，他这样写道："孩子视父母若神明。父母的行为和判断都是绝对正确的；他们体现普遍理性、法、世界的意义和目的。"②

热内的养父母因为他的一次偷窃行为就认定他是小偷，对于热内来说无异于整个世界的坍塌。这是热内人生中发生的第一次"物化"（réification），但他没有丝毫能力去反抗这个逻辑推理：偷东西的人就是小偷。父母厌弃的眼神将他彻底碾碎，小热内已经预感到"小偷"这个令他眩晕的词从此将伴随他的一生。

热内面对这次事件所做出的选择是绝不自杀，这里的自杀有两个层面：肉体死亡，或者精神失常。他虽然痛苦绝望，但也极力维护自由，即面对他人施加在他身上的行为有所行动，因此他选择活下来。在他那个年纪，这样的选择无疑是本能的，表达了某种强烈的求生欲，毕竟儿童还不懂得可以通过抽离环境来弱化环境对自己的影响。于是这样的选择意味着他承认了自己"小偷"的身份认定。此后的整个人生中，他始终坚持这个选择，自豪地要定了这个身份。他选择冒天下之大不韪地活下来，立下了当一辈子小偷的誓言。人们认定他是小偷，因此他必须去当小偷才能摆脱精神的折磨。这个基于耻辱感做出的选择里所包含的就是自欺性质的"我是我所不是"和"我不是我所是"的命题，这一点我们在下文做进一步讨论。

（二）第二次变身——审美者

在《圣热内，喜剧演员和殉道者》中"第二次变身"这一部分里，萨特从审美的角度对热内进行了剖析。热内是常规意义上的坏人，但是恶与美在他身上产生了悖论的联系。

萨特在他早期的著作《想象心理学》中从现象学的视角出发阐明了他对美

---

① 也有说法认为是 10 岁，这里采用萨特在《圣热内，喜剧演员和殉道者》中所提供的数字。

② （法）萨特著，施康强译：《波德莱尔》，北京：北京燕山出版社，2006 年，第 32 页。

的观点。他指出,"我所称之为美的,正是那些非现实对象的具体化"①。萨特否认自然美和社会美,他认为美是想象的产物。而想象的世界也是对现实的逃避。梅洛-庞蒂对想象或者幻想也有类似的定义,"当主体处在这种存在的绝境中时,与其承认失败或走回头路,还不如砸碎阻碍他前进的客观世界,在幻觉活动中寻找一种象征性满足"②。萨特认为审美活动本身就是超越和虚无化的。

热内像一个喜剧演员一样尽责地扮演窃贼这一角色。戏剧的强大力量帮他摧毁了现实世界,而想象世界帮他逃避了他人的目光。他在生活的舞台上,在汇聚的灯光下,将自己非真实化。在表演的过程中,热内体验到了美,这是他生平第一次与美相遇。恶与审美之间唯一的联系正是想象。热内的审美是虚无化的过程,偏离了正常的伦理道德标准,但却是他的自由行动。"他的目的很简单,那就是将现实世界和他本人压缩成为一个想象游戏。他会隐藏他的真实意图,他声称自己是美的爱好者:想要愿望得到满足自然要会说些甜言蜜语。但是审美主义从来都不是来自对美的无节制的热爱,而是源于怨恨。那些被社会抛弃和边缘化的人,青少年、妇女和男同性恋,他们会试图否定这个否定他们的世界。他们之所以会承认价值观至上,那是因为价值观摧毁一切存在。"③

萨特指出,波德莱尔的审美与热内的审美相同,那就是他们的审美都是对于恶的审美。萨特将波德莱尔和热内的存在选择做了比较:"热内不但遭受痛苦,而且成为折磨自己的行刑者,他这么做是为了让那些好人们感到耻辱;正如波德莱尔自我虐待的目的是让奥比克夫人④羞愧。"⑤波德莱尔与热内对于恶的爱好都是一种对自为的存在的要求,努力成为别人眼中的样子可以为他们带来超越自身的快感。

---

① (法)萨特著,褚塑维译:《想象心理学》,北京:光明日报出版社,1988年,第287页。

② (法)梅洛-庞蒂著,姜志辉译:《知觉现象学》,北京:商务印书馆,2001年,第121页。

③ J.-P. SARTRE, *Saint Genet, comédien et martyr*, Paris, Gallimard, 2006, pp.415-416.

④ 波德莱尔的母亲,1828年改嫁奥比克将军,从夫姓。

⑤ J.-P. SARTRE, *Saint Genet, comédien et martyr*, Paris, Gallimard, 2006, p.180.

（三）第三次变身——作家

对于热内来说，仅仅为自己打上坏人的烙印还不够帮助他自我解脱，最后是写作为他打开了一个真正可行的出口。热内本人跟萨特谈起过促使他写作的契机。有一次他被关进监狱，和其他几个少年犯同住一个房间，那些年轻人看似城里人装扮（在等待判决的羁押期间可保留自己的衣着），而热内却被强制换上了囚服，因此受到了众人的耻笑。其中一人给自己的姐姐写诗，那些庸俗愚蠢的诗句倍受狱中他人赞赏。热内见状声称自己也会写诗，然而他写出的那些诗被其他少年犯嘲笑不已。在他人的哄笑声中热内坚持读完了自己的诗作，因为他觉得正是那些嘲笑声才使得这首诗越发显得珍贵。

热内的文字生涯从来都不是一帆风顺的，他所遭受的非议从监狱里一直延伸到了监狱外。人们指责他文笔粗俗拖沓、字里行间充满谎言，而实际上指责的原因只有一个，那就是有罪的人无权说话。莫里亚克（François Mauriac）甚至认为热内应该永久性地保持沉默。而萨特为热内辩护，他认为热内恰恰因为其独特的语言才应该被称为诗人，作家或诗人雕琢自己的文字从来都不应该只为取悦读者。他说，"这就是诗人热内。人们应该清楚这一点，他的诗歌并不是什么艺术品，这是他的自我救赎，这是他的生存方式"①。

热内最初的写作活动始于歌词创作。他 16 岁时跟随一位歌手学写歌词，20 岁那年他写下了第一首诗，据他自己说这首诗是为他爱过的一个女孩儿而作，但更重要的是为了感动他自己。萨特认为，热内的一切秘密就在这句"为了感动我自己"中。

萨特考察了热内的作品，他从中发现了热内自我感动的心理。热内早期的作品主要是诗歌，之后他开始写小说，然后是随笔。他的小说乃至随笔都是虚构成分居多。按照体裁来考察，随笔应该是一种与他人交流的理想载体。然而直到 28 岁，热内仍无真正想与他人交流的意愿。萨特认为，热内作品中那些大段的单调的咏叹式的评说，更多是针对他想象中的听众，他与语言文字之间的关系恰如瘾君子之于毒品，他的文字创作仅仅只为了体会一种私密的喜悦和满足。因此，萨特这样解释热内的创作动机："他说话是为了听到自己

①　J.-P. SARTRE, *Saint Genet*, *comédien et martyr*, Paris, Gallimard, 2006, p.312.

与自己交谈,像和别人那样;而他写作,是为了能够阅读自己写下的东西。"①

萨特研究了热内作品中涉及的主题,如流浪、贫穷、母亲、爱与死亡。其中"死亡"这一主题的出现相当频密:死亡的体现可以是葬礼,如《鲜花圣母》和《盛大的葬礼》;也可以是死刑,如《玫瑰奇迹》中所描述的囚犯们的死亡。

萨特认为,热内笔下的死亡依然跟他生命的原始危机联系在一起。热内把死亡视为一种象征,象征着他曾经的孩提时代,他宁愿在命运的利刃将他斩杀之前就死于孩提时代。因此他对死亡的热爱也就不难理解了。热内一直偏爱用葬礼的形式来庆祝诞辰,这里面的寓意不言而喻:将过往全部埋葬,一切重新开始。至于死刑,热内在《玫瑰奇迹》中这样述说梅塔耶(Métayer)的死刑:"梅塔耶被执行死刑那天就像过节,那气氛与献祭后的纵情狂欢一般无二。我深觉周围少年们的欢悦心情仿佛来自醉酒之后的忘乎所以,近乎残忍。"②在热内的笔下,死刑丧失了恐怖的气息,少年犯们的狂欢将之演化为献祭后的重生。

二、羞耻引发的自欺

自由是萨特所有文本的永恒主题。如果说自由是最终的诉求,那么萨特眼中对自由的追寻显然不是浪漫主义的,而是哲学层面的反思。自由的背面是自欺,而自欺的直接动机是他人注视所引发的羞耻心(honte)。

(一)羞耻心

萨特认为每个人的生命中都有一个原始危机,原始危机是原始谋划的导火索。波德莱尔人生中的原始危机是其母的改嫁,而热内人生的原始危机是第一次偷窃行为被父母发现。

原始危机之所以能够引起原始谋划的产生,很大限度上是从羞耻心开始的。萨特在《存在与虚无》当中论述"为他的存在"时分析了羞耻这一情绪的产生。羞耻的结构是意向性的,"它是对某物的羞耻的领会,而这个某物就是我。

---

① J.-P. SARTRE, *Saint Genet, comédien et martyr*, Paris, Gallimard, 2006, p.474.

② Jean GENET, *Miracle de la rose*, Paris, 1946, p.305.

我对我所是的东西感到羞耻。因此,羞耻实现了我与我的一种内在关系:我通过羞耻发现了我的存在的一个方式"①。羞耻的原始结构是在某人面前的羞耻,某人在场的目光令我感到羞耻,即在他人面前我对自身感到羞耻。这就是导致羞耻产生的三个维度——我、面对他人、我的反思意识,任何一个维度的缺失都会导致羞耻的消失。三个维度中,他人的在场是至关重要的,他人所引发的羞耻心是促使主体产生原始谋划的最直接诱因。

萨特从羞耻心的角度出发解读了热内的小偷和同性恋身份。热内第一次盗窃时在养父母的目光下因羞耻而物化。在这个过程中,三个维度完全到位,意识从主体到他者再返回主体,然后进行否定和虚无化。

在萨特的时代,医学、生理学或遗传学尚不能对同性恋现象做出科学合理的解释,因此萨特的解读也更多是基于精神和心理层面的分析。他在《存在与虚无》中论述"自欺"时谈到了同性恋问题。他在探询某些同性恋者拒绝被称为"鸡奸者"的心理原因时说道:"一个同性恋者常常有一种无法忍受的犯罪感,他的整个存在就是相对于这种感觉而被规定的。人们往往猜测他是自欺的。事实上,这个完全承认了他的同性恋癖好,完全承认了他一次次犯下的特有的过失的人竟经常竭尽全力否认自己是'鸡奸者'。"②这种否认行为中包含的依然是"我不是我所是"的命题。同性恋者承认他的过失,但是他不允许别人把他的错误作为左右他命运的工具,即他抗拒被他人"物化"。

萨特在探究热内的同性恋行为时考虑到了"他者的注视"所引发的羞耻心。萨特用热内少年时期第一次跟同性发生的性行为来证明热内对他人目光的逃避。萨特指出,对身体的入侵本身就代表着他人的目光,但是同性性行为的方式与异性性行为方式不同,热内可以不用直面他人的注视,他人的目光投射在他的背部。这种对他人目光的回避令他着迷。羞耻心虽然不是在性行为过程中产生的,但是这个行为本身在当时的伦理观念中就是背德的。事后他人的指指戳戳和说三道四只是令热内的羞耻心延迟产生而已。

---

① (法)萨特著,陈宣良等译:《存在与虚无》,北京:生活·读书·新知三联书店,2007年,第 282 页。

② (法)萨特著,陈宣良等译:《存在与虚无》,北京:生活·读书·新知三联书店,2007年,第 98 页。

(二)对"恶"的皈依——自欺

萨特在《圣热内,喜剧演员和殉道者》一书中格外强调"恶"这一概念。因为热内跨越了所有的社会划分,他的人生只遵从自由的指引。而对于波德莱尔,萨特认定他与热内有着类似的想法和行为:"他只剩下唯一的一条通往自由的道路:那就是选择恶。"①

萨特刻画的热内,其整个一生都在与所谓的"善"作对。盗窃、同性恋、背叛,甚至是文学创作,在热内看来都是他同社会约束以及传统价值观抗争的武器,唯有如此他才能够从童年所经受的物化中脱身出来,才能找到属于他自己的尊严。既然别人认定他是坏人,那么他的对策就是,他必须做尽坏事以符合别人眼中他的形象。热内对恶的追寻有一种病态的执着,和波德莱尔的黑色审美相类似,近乎一种对恶的苦修。

从这里我们可以发现,这种对恶的审美事实上依然是相对于传统审美和传统价值观而言的。它是热内对他所遭受的那种原始危机的回应。他偷盗是为了做一个合格的小偷,他做坏事是为了当一个合格的恶人,而他的一切举动都是为了证明自己的属性。萨特这样解释,"为了证明自己是谁而做出的行为,就不再是一种行为,而是一个动作。确切地说,坏人是为了想作恶而作恶,对他们来说作恶是不需要条件的。而热内是为了当坏人而作恶,那么作恶就不是他的终极目标。作恶只是他用来昭告他的坏人身份的手段。他若是不作恶就不能称得上是坏人:他只是在做一个坏人"②。

萨特对热内的善恶观进行了解读。萨特认为世界像一座博物馆,而我们每一个人都是博物馆的管理员,只有收藏、维护、修缮和复原才是合理的、被允许的行为。现存的制度总是比那未曾存在的制度要完善。现存的才是善的标准。凡是特立独行的注定与善无关,不按照既定标准行事的人注定不是好人。

萨特将善恶解释为差异性,他人与我之间的差异性是善恶有别的根源。"因此,坏人就是他人。恶是非主流、边缘化、鬼鬼祟祟的,只有用眼角的余光在他人身上才能捕捉到。在战争期间最容易感知到恶的存在:和我们立场不

---

① J.-P. SARTRE, *Baudelaire*, Paris, Gallimard, 1963, p.66.

② J.-P. SARTRE, *Saint Genet*, *comédien et martyr*, Paris, Gallimard, 2006, pp.87-88.

同的人就是敌人；我们用自己的想法去揣度敌人的；我们按照自己的猜测为敌人布下陷阱；敌人是我们的双胞胎兄弟；是我们在镜子里的影子。我们的某些行为被称作善举，然而一模一样的行为若是敌人做出的，在我们看来却无比可憎。所谓的坏人就是这样的。在战争期间，好人越发立场坚定。也正是在战争期间，才不会出现那么多疯子。不幸的是人们没法天天打仗，和平也是必要的调剂。在和平的日子里，人们只能发挥聪明智慧制造出一些职业坏蛋。对于好人来说，这些'坏人'有其存在的必要，正如烟花女子之于良家妇女的意义。"[①]对于热内来说，善的同义词就是趋同，是相似。恶就是差异，就是"他人"。而热内就是好人眼里的"他人"。

同时，热内对"恶"的皈依是自欺行为的一种具体显现。自欺的目的是逃避人们不能逃避的东西，逃避人们所是的东西，即遵循"我是我所不是"和"我不是我所是"的逻辑。热内的作恶行为也具有自欺的属性，它是由身体来执行的指向意识的撒谎行为。自欺的人通过做坏事来欺骗自己，通过意识的自我否定来告诉自己：我不是一个坏人，我只是为了当坏人才作恶。

热内的自欺行为从第一次偷窃行为被发现就开始了，他承认自己窃贼的身份，并暗自承诺将终身做窃贼；后来的鸡奸犯、同性恋、叛徒的身份，他一概接纳下来，并且勤勉地履行这些身份属性所要求的行为模式。

（三）镜中的游戏——另一种自欺

萨特在几部传记中都有对主人公照镜子这一行为进行分析。比如《恶心》中的主人公罗冈丹深深厌恶镜子中自己类似女性、充满淫靡气息的胴体；而在《家中的低能儿》中，福楼拜一站在镜子前面就抑制不住地对里面的自己放声大笑。

萨特在《圣热内，喜剧演员和殉道者》这部作品中也没有忘记描写主人公与镜子之间的游戏。热内的偷窃行为被窥破之后被喊作"小偷"，萨特描写了他的反应："他不断重复着这个神奇的字眼：'小偷！我是小偷！'然后站在镜子前面打量自己，对着里面的人自言自语：'你是小偷。'"[②]最初是少年热内对着镜子龇牙咧嘴，后来热内以他作品中人物的身份来到镜子前喃喃自语。这种

---

① J.-P. SARTRE, *Saint Genet, comédien et martyr*, Paris, Gallimard, 2006, p.163.

② J.-P. SARTRE, *Saint Genet, comédien et martyr*, Paris, Gallimard, 2006, p.53.

照镜子的举动究竟意味着什么？萨特的"他者观"可以给出答案。

萨特在《存在与虚无》中讨论个人与"他人"之间的关系时，明确指出他人的功能就是镜子。他认为主体不能单纯显现为他人的对象，或者他人不能仅仅是主体的对象，这是因为"也许我把握到作为对象的别人通过意向和活动与我联系着，但是仅仅由于他是对象，他人这面镜子就变模糊并且不再反映什么了"①。他人的存在在主体意识的形成当中起着镜子的作用。镜子中的影像是主体获得自我认知的直接途径。照镜子的人从来都不是放松的，面对镜子的时候人们刻意或者不自觉地摆出各种不同的姿势和表情，因此萨特认为镜子里的影像和照镜子的人从来都不是一个人，由此获得的认知也从来都是不准确的。

萨特说，人面对镜子中自己的影像时会产生"双重感觉"（double sensation）。这种感觉类似于"自己的拇指和食指相碰，而这两根手指不能成为彼此真正意义上的对象，因为它们同时作为触摸者和被触摸者、感知者和被感知者，主动的和被动的"②。照镜子的情形也是这样，当我们看到镜子中的自己微笑或者皱眉时，假如我们是在做这两个动作的时候目光恰好掠过镜子瞥到了自己的表情，只有这种情况下的表情是绝对真实的；否则，如果我们面对镜子刻意地微笑和皱眉，那么这两个动作本身已经不是真实的，因为嘴角和眉毛的位置经过了我们对镜参照自己的影像而进行了自我修正。此时人与镜中影像是彼此黏着（adhésion）和疏离（estrangement）并存的关系。

热内面对镜子里的影像不断询问，这个举动包含着自我否定的意义，即"镜子里的那个人不是我"，他人所说的"小偷"不是我而是镜子里的人，我并不是我向他人所显现的那个人。因此，照镜子的自言自语是作恶之外的另一种自欺行为。

萨特认为，一切具备透射或者反射功能的物品都具有这样的功能，即镜子——他人。他在《存在与虚无》一书中提到了以下物品：镜子、棱镜、透镜、显微镜、眼镜、望远镜、放大镜、内窥镜。在萨特看来，所有这些物品都有一个相同的功能，即它们隔绝了眼睛对于被观察对象的最直接的视觉接触，它们相当

---

① （法）萨特著，陈宣良等译：《存在与虚无》，北京：生活・读书・新知三联书店，2007年，第307页。

② J.-P. SARTRE, *L'Idiot de la famille*, *Gustave Flaubert de 1821 à 1857*, Paris, Gallimard, 1988，p.680.

于中介,以必须或者不必须的方式存在于人眼和对象之间。也因为它们的阻隔,人眼与对象形成的影像之间的关系永远不是最直接的。因此,以身体为载体、注视为途径的相处方式不仅存在于"我"与他人之间,这种关系也可以存在于我与镜子之间。但是不同的是,在"我"与他人的相处模式中,他人的注视使我物化;在"我"与镜子的相处模式里,是镜子外"我"自己的目光将镜子里"我"的影像物化。

在《圣热内,喜剧演员和殉道者》这部作品中,萨特对形式的架构和对各种证言材料的组织安排比《波德莱尔》更显成熟自如,读者能够更清晰地把握作品中的各种主题。萨特从探寻热内的童年经历入手,发现了热内人生的原始危机跟他第一次盗窃行为密切相关,并通过逐步深入的分析最终综合归纳出热内的原始谋划就是要做他人眼中的自己,即一个与"恶"为伍的人。《圣热内,喜剧演员和殉道者》是萨特为热内所做的辩护,为热内离经叛道的人生与他天才的写作能力之间的巨大反差提供了合理的解释。

第三节　《家中的低能儿》

如果说《波德莱尔》是萨特用存在主义精神分析法小试牛刀的话,那么在《圣热内,喜剧演员和殉道者》中,萨特对这一方法的运用开始渐入佳境。至于《家中的低能儿》,萨特从起念到搜集资料,然后着手撰写,直到最后成稿,用去了整整十年光阴。可以这么说,这部《家中的低能儿》是他的哲学理念和方法论以及文学批评的集大成之作。曾经有法国读者形容,面对这部鸿篇巨著犹如仰望勃朗峰,言其内容厚重艰深。1971 年该书的前两卷在法国出版之后,来自萨特和福楼拜各自拥趸的反应泾渭分明。萨特的支持者对这部作品自然是赞誉有加,他们说这部书代表了萨特学术和文学的最高成就,并称"这是当代唯一称得上小说的作品"[①]。而福楼拜的追随者们对此或者表现冷淡或者

---

① 　Michel RYBALKA,《Comment peut-on être Flaubert ?》,*Le Nouvel Observateur*,1971,p.55.

缄口不提。虽然后者并不否认在这部作品中,萨特依然文采斐然,但是这并不代表他们认同这个萨特式的福楼拜。主要原因不言而喻:这部作品缺乏严肃性。他们质疑的重点是萨特在书中使用的各种文献资料的真实性,并对其中不计其数的谬误和杜撰表示愤慨。

萨特为了撰写该书,搜集了大量的证词和书信材料。然而书中不少文献缺乏出处,如引用的福楼拜青年时期的一些作品中的语句大部分没有标明来自哪部作品,还有很多书信更是无从考证其出处。虽然萨特做了大量脚注,但是其中不乏谬误。而且萨特在书末并未给出福楼拜的生平年表,读者在阅读的时候必须求助于其他有关福楼拜的传记作品和资料。引用的语句中有相当一部分和原文不符。这些问题通常不会对普通读者造成干扰,但是对于那些具有专业素养的读者来说,这就属于不可容忍的错误了。

然而褒也好贬也罢,《家中的低能儿》在萨特的学术研究和文学创作生涯中的地位不可撼动。这部著作分三卷,正文页数合计超过 3000 页。萨特在完成第三卷之后声称他还要接着写下去,令人遗憾的是人们没有等来第四卷。出版之时,萨特将之纳入他的"哲学丛书"系列里,其目的显而易见,即这不是小说也不是传记。萨特是以哲学家的身份撰写这部作品的,他试图借助哲学理论的运用来达到为一个人进行整体化的目的。在这部巨作里,萨特为我们剖析了一个童年患有阅读障碍症的福楼拜:他敏感、内向、被动,不为家人所喜爱,他拒绝父亲为他做的职业规划和安排,在自我成全的过程中最终拿起纸笔走向了作家之路,通过选择写作开始了自我造就的过程。

一、成书原因及研究方法

(一)缘起

关于这部书的成因,1971 年萨特在接受米歇尔·贡塔(Michel Contat)和米歇尔·里巴卡(Michel Rybalka)的采访时做了解释和说明,这篇访谈的文字稿于同年 5 月首先刊发在《世界报》上,1976 年收入《境况种种》第十卷。从访谈中可知,萨特童年时已经开始阅读福楼拜的作品(也就是《包法利夫人》)。在巴黎高师学习期间他又重读此书。20 世纪 30 年代他读了《情感教育》。萨特明确表示自己"对福楼拜作品里的人物抱有某种敌意"①。二战期间,萨特阅读福楼拜的书信集之后,发现信件中提供的各种信息对他了解福楼拜的小说很有帮助,彼时他已经萌发念头准备写一部关于福楼拜的专著。在此期间,他在撰写《存在与虚无》时,论及存在精神分析法的章节中就以福楼拜为例批判了经验主义精神分析法。

　　1954 年萨特开始接近法国共产党,并接触了一批马克思主义者。其中罗杰·加罗蒂向萨特提议,两人选择同一个对象人物并用各自的方法去解读。这个邀约是萨特写作这部作品的一个契机。还有一个人对他写作这部书产生了间接的影响,这个人就是梅洛-庞蒂。在萨特接近法共期间,梅洛-庞蒂与他在政治立场和对马克思主义的理解方面产生了重大分歧。尽管这些分歧造成了二人之间的反目,但是梅洛-庞蒂对萨特的思想和政治立场方面产生的影响还是不容忽视的,萨特的反思和改变直接体现在了 1957 年发表的《方法问题》和 1960 年的《辩证理性批判》中。《方法问题》中有三个论题:"马克思主义和存在主义"、"中介问题和辅助学科问题"以及"渐进—逆退法"。萨特试图通过这三个论题开启他的存在主义与马克思主义之间的清算之路,并第一次将"渐进—逆退法"作为存在主义以及存在主义精神分析法的具体方法论提了出来。其中他举出福楼拜的例子用以证明,绝对环境决定论是不恰当的,要从整体上完整地理解一个人,必须从童年出发,并尽可能关注细节。但是在《方法问题》中,萨特关于福楼拜的理解和观点依然没有得到完整表述。因此,从《存在与虚无》到《辩证理性批判》,撰写一部有关福楼拜的专著的计划如箭在弦上。

　　萨特在《家中的低能儿》的前言中声明,这部作品是《方法问题》的后续之作,其目的是回答"今天我们能从一个人身上了解些什么"这一问题。他希望通过操作一个具体的实例来说明他的方法。"……人从来都不是个体;每个人都是普通人中独特一员:他是一个整体,带着自己时代的烙印。他把属于时代的东西融合在自己身上形成了属于自己的特性。他普通是因为人类历史的普遍性,他特别是因为他个人谋划的独特性。研究一个人的时候理应同时满足

---

　　①　沈志明主编:《萨特文集》第 7 卷,北京:人民文学出版社,2005 年,第 350 页。

这两方面的需求。"①

(二)研究方法

1.用"渐进—逆退法"还原

《存在与虚无》为存在主义精神分析法提供了理论支持,在具体方法论上没有能够做深入的表述。因此在1947年的《波德莱尔》和1952年的《圣热内,喜剧演员和殉道者》这两部作品中,虽然实际上用到了渐进—逆退法,但是萨特对这种方法的把握明显还有疑虑。至1957年他对马克思主义的把握渐趋成熟之后,他在《方法问题》一文中对渐进—逆退法做了细致的分析和梳理。此后写作的《家中的低能儿》比起前两部作品,对此方法的运用明显更为娴熟和自觉。

与前两部作品相同的是,对人物的分析都是从童年开始的,萨特在《方法问题》中也一再强调童年时期的重要性,因为只有从童年开始追溯才有可能找到影响人一生的"原始危机"事件。萨特认为,"原始危机"是导致"原始谋划"形成的直接原因,而"原始谋划"才是我们理解一个人的起点。

在《家庭的低能儿》的第一卷中,萨特主要从福楼拜的侄女所著的回忆录和福楼拜的书信集中寻找线索,结合渐进综合法做逆退式分析。在后两卷中,萨特依然采用"双向往复"(va-et-vient)的方式,以福楼拜的"谋划"为重点,证明个人如何克服家庭与社会环境的影响成就自我。

2.用"共情"法感知

除了对"渐进—逆退法"的熟练运用,继《波德莱尔》和《圣热内,喜剧演员和殉道者》之后,"共情"(empathie)依然是该方法赖以实现的辅助手段。"共情"又称情感同化,是美国人本主义心理学家罗杰斯(Rogers)提出的概念,指的是能深入他人主观世界和了解他人感受的能力。这个概念主要用于协助进行心理分析和治疗。

萨特把"共情"理解为从现象学出发,把自己置于"他人"的地位去理解他人的一种方法,是以存在主义人学为基础而提出的一种整体化还原的方法。他在《家中的低能儿》第一卷前言中解释了为什么要选择福楼拜作为分析的对

---

① J.-P. SARTRE, *L'Idiot de la famille*, *Gustave Flaubert de* 1821 *à* 1857, Paris, Gallimard, 1988, p.7.

象。他说,1943 年在重读了福楼拜的书信集之后觉得有必要在他和福楼拜之间做一个了断,以便更好地理解这位作家及其作品。有了这个念头之后,他感觉自己对福楼拜的态度发生了转变。"我最初的反感已经转变为共情,这是理解一个人必须要有的态度。"①

萨特认为"共情"是对人进行整体化理解的必要且有效的手段。对萨特来说,进行情感同化有两个基础,一个是指所有已被验证其真实性的现实证物,如日记、作品、书信、访谈、图片等,另一个则是指所有未曾被言说和记录的人生痕迹,也即福楼拜一生中不为人所知的空白点。针对这些空白,萨特采用的方法是对所有已掌握的真实证物进行比对和联接,然后通过将自身代入福楼拜的处境的方式进行合理想象,从而弥补空白。在萨特看来,真实证物与"想象物"二者缺一不可,前者是后者的基础,后者是前者的必要补充。但正是书中那些通过想象虚构出来的情节触发了来自福楼拜书迷以及一些评论家的批评,这同时也是《家中的低能儿》一直存在争议之处。

事实上,福楼拜本人已经在文学创作中使用过"共情"的方法。他有一句语录为人所熟悉:"包法利夫人就是我。"这句话引发很多猜测,从小说人物到福楼拜本人的创作意图,众说纷纭。事实上,经过法国学者们的多方考证,福楼拜从未说过或者写过这样的话。这句话是从几位曾与福楼拜通过信的人那里以讹传讹辗转流传开来的,毕竟人们确实想知道包法利夫人身上究竟有没有作者的影子。虽然如此,我们却找到了关于福楼拜的另外两部作品《圣安东尼的诱惑》和《情感教育》的相似表述以及"共情"手法的证据:

在《圣安东尼的诱惑》里,我本人就是圣安东尼。②(给路易丝·科莱的信,1852 年 1 月 31 日)

我自己有过罪;我陷在过去的所作所为中无法自拔。我把自己放在了圣安东尼的位置上。③(给路易丝·科莱的信,1852 年 1 月 31 日)

---

①　J.-P. SARTRE, *L'Idiot de la famille*, *Gustave Flaubert de* 1821 *à* 1857, Paris, Gallimard, 1988, p.8.

②　Gustave FLAUBERT, *Correspondance*, Tome II, Paris, Nizet, 2001, p.40.

③　Gustave FLAUBERT, *Correspondance*, Tome II, Paris, Nizet, 2001, p.40.

弗雷德里克①不是别人,正是福楼拜。②

要说明的是,萨特认为共情的方法只能用于对他人的理解,并不能用于自己。在他看来,人与自身的关系中总带有一些同情或者厌恶的,无法做到尽量客观,这就是他所说的人"附着于自身"(adhésif à soi)。他认为福楼拜的《狂人回忆录》没有能够完工,也没能写成一部真实的忏悔录,其主要原因就是福楼拜无法真正了解自己。萨特评价讲述自己童年的《词语》时也认为,这部作品并没有完全真实地再现他自身。这种"附着于自身"的观点促使他去反思"整体化"的限制,他认为我们不可能把一个活人整体化,理由是,"活着的作家隐蔽自己:人们在写作时就乔装改扮"③。因此他认为他在《圣热内,喜剧演员和殉道者》中并没有能够对热内实现彻底的整体化理解。同时这也间接证明了他对于自传中传统意义上的真实性表示怀疑。

(三)中性的写作手法

萨特认为"共情"的理解方法所对应的创作手法是中性写作(écriture neutre)。众所周知,福楼拜是法国自然主义流派的先行者,他主张小说作家应该像科学家一样保持实事求是的态度,提倡客观冷静的创作理念,反对在小说作品中发表作者自己的态度和意见。

与福楼拜不谋而合的是,萨特在创作《家中的低能儿》时也追求非风格化(non-style)写作。萨特追求叙述之外的另一种直击真相的叙述,即写作的真实感,"拒绝所谓的个人风格"以及"消弭文字中类似于小丑般取悦于人的成分"④。这样的写作诉求强调通过中性的写作手法达到真实再现的目的。也正是这一点在艺术家和传记作家之间画出了分界线,因为艺术家更倾向于表演,而传记作家是一个诚实的人,他必须通过中性的笔触来反映真实。

萨特承认《家中的低能儿》是他信笔写成的。这部作品不是为了显示文采

---

① Frédéric Moreau,福楼拜小说《情感教育》中的主人公。

② 转引自 Maxime DU CAMP, *Souvenirs littéraires* (1882—1883), Paris, Aubier, 1994, p.581.

③ 沈志明主编:《萨特文集》第 7 卷,北京:人民文学出版社,2005 年,第 362 页。

④ J.-P. SARTRE, *L'Idiot de la famille*, *Gustave Flaubert de* 1821 à 1857, Paris, Gallimard, 1988, p.1554.

和风格,而是要说明如何用一种方法来理解一个人,因此不应把精力用于修饰文字。他同时声明,即便书中偶尔出现了风格,"那是因为人们只能用讲究的文体来讲某些'不能言传'的或者难以言传的事情"①。

二、由"谋划"引领的论证

萨特认为,在福楼拜性格形成过程中起到决定性作用的事件,即萨特称作原始危机的事件是福楼拜七岁那年发生的:家人忽然发现他七岁了竟然还不识字。在萨特看来,福楼拜的命运在此时就已经确定了。七岁之前是他的黄金童年,在这之后他从天堂坠入地狱。萨特对此是这样述说的:"七岁那年的突然失宠对他来说无疑是巨大的心灵创伤。那一年在他身上埋下了轻度神经失常的种子。从此,他开始郁郁寡欢,用嗜睡和沉默来逃避现实。"②在这个事件后,他成为父亲眼中的低能儿,而面对学业优秀的兄长,他更显得一无是处,"家中的低能儿"这一称谓从此伴随了福楼拜的一生。他是整个家族的敌人也是囚犯,而他却从未能够从这个牢笼中脱逃,更谈不上施加报复。

在《家中的低能儿》整部书中,有两个至关重要的基点,这是两个"计划"(planning)或者说"谋划"(projet),正是这样两个基点支撑起了萨特的整个逻辑论证。第一个是"家庭计划"(planning familial),指的是福楼拜的父母对他的养育方式,这个计划决定了他人生早期的状况,造成了他的被动性格。第二个则是指福楼拜本人的"神经官能症谋划"(projet névrotique 或 planning névrotique),这个谋划是福楼拜出于本能所采用的一种自我防御机制,是他对抗生活中所有痛苦的武器。

(一)"家庭计划"与"阅读障碍"

在萨特的论证当中,"七岁时被家人发现依旧不识字"这一事件是福楼拜人生的转折点,他的人生自然而然被分成了两个阶段:七岁之前和七岁之后。七岁之前的人生主旋律是父母为他制订的"家庭计划",而七岁之后,则是他为

---

① 沈志明主编:《萨特文集》第 7 卷,北京:人民文学出版社,2005 年,第 352 页。

② J.-P. SARTRE, *L'Idiot de la famille*, *Gustave Flaubert de 1821 à 1857*, Paris, Gallimard,1988,p.410.

自己设计的"神经官能症谋划"。

第一卷开篇，福楼拜的阅读障碍就被提了出来。最先发现这一问题的是福楼拜的母亲。福楼拜的哥哥在母亲的指导下顺利学会了拼读，同样的做法在福楼拜身上遭遇挫败。对于童年福楼拜来说，每一个词语与他之间仿佛隔着一层雾气，对他而言每一个单词仿若会发出声音的石头，有着厚重的外表，他无法透过这外表触摸其本意。结果便是，"句子无法被分解，他自己阅读或者当人用句子描述一件事物的时候，整个句子横亘在那里：这孩子听懂了却无法完全领会"①。虽然福楼拜进学校读书之后终于克服了这个困难，但他落后于同龄人这一点始终是个不争的事实。

那么阅读障碍是如何发生在福楼拜身上的？萨特认为是由童年福楼拜的被动性格造成的。这样一个被动的孩子，他被隔绝在文字之外，文字对于童年的他来说是完全陌生的世界。萨特在第一卷里陈述了童年福楼拜的"不作为"（inaction）与语言障碍之间的联系——在这一部分我们也间接找到了福楼拜的被动性格的原因。

先来看萨特是怎么分析"不作为"与语言障碍之间的关系的。萨特认为，在童年福楼拜的身上，存在着属于他自己的真实世界，即他所认可的真实与通常意义上的真实有差距。这种情况并不多见，当外在环境发生了紧急事件，而个人无法做出及时有效的反应时，那么个人就会将外在环境虚假化，这是一种本能的自我保护机制。萨特甚至举出了发生在自己身上的例子。1940年6月某天他们为了躲避德军枪弹袭击而穿越一座村庄前面的广场时，法国村民从教堂顶上阻击德军，萨特他们也不能幸免。面对这样的两难局面——后退要被德国人打，前进要被同胞打——萨特产生了错觉：这么可笑的场面一定不是真的！他对自己这种反应感到诧异，但很快他就发现了原因所在："是我自己产生了幻觉，因为面对这种具体的威胁我完全找不到解决方案。"②童年福楼拜遇到的情况是一样的，但是他不需要遇到更加惨烈的现实，因为生活中一点点改变都会使他手足无措，最后干脆不作为。他对外部世界的想象在某种

---

① J.-P. SARTRE, *L'Idiot de la famille*, *Gustave Flaubert de* 1821 à 1857, Paris, Gallimard, 1988, p.22.

② J.-P. SARTRE, *L'Idiot de la famille*, *Gustave Flaubert de* 1821 à 1857, Paris, Gallimard, 1988, p.666.

程度上来说就是对外部世界的"非现实化"(irréalisation)。"非现实化"是通过"缺席"(absentéisme)实现的,这里的缺席并非指肉身的缺席,而是思想的逃逸。

此外,萨特借用了梅洛-庞蒂的知觉现象学的理论。他强调孩子与成年人一样,对外部世界的认知是经过了意识反思的。反思并不是原样的呈现,经过反思所把握的世界,已经不是所谓的真实世界。因而在小福楼拜的眼中,世界像一个舞台,每个人都有自己的角色,人们尽心尽力地扮演自己的角色,他也不能例外。七岁之前一切都不是问题,都被他的不作为化解掉了,他如同看戏一般把生活推开。

(二)过度保护者——母亲

我们不禁会问:福楼拜的被动性格是怎么形成的?因为任何一种所谓的性格都有成因:或者是遗传,或者是后天的影响。萨特的回答是因家庭的"过度保护"(surprotection)造成的。而过度保护的施加者正是福楼拜的母亲。

从某种角度来讲,"过度保护"正是福楼拜家族的"家庭计划",母亲担任了计划的主要设计者以及实施者。从福楼拜出生起,他的母亲就用冷漠的过度保护去应对他的一切物质的和情感的需求。这个孩子从未在自己的事情上做过主,无论是吃饭穿衣还是玩耍,一切都听从母亲的安排。他未曾感受过真正的母爱,他只是一个被照顾的对象,母子之间从未有过充满温情的交流。忽然有一天,母亲要撒开手,需要他表达自己的需求、自主安排需求的时候,他却无法自如地与语言世界发生联系,因而童年的福楼拜从未真正了解文字的含义。

为了说明这种养育方式和被动性格之间的因果关系,萨特在书中大量分析和描摹这位母亲,这与对福楼拜的分析呈现平行的线条,几乎贯穿了前两卷内容。其方法同时融合了弗洛伊德的理论和存在主义精神分析法,具体来说就是情结解释和逆退法的合并。

福楼拜的母亲安娜本姓弗洛尤(Fleuriot),她的父亲是当地的医官。[①] 安娜出生两个月之后母亲便去世了,父亲在她十岁时也撒手人寰。她先是被送往寄宿学校,后来又被送到她的教母家抚养。可以想象一个缺乏父母关爱的

[①] 法国从 1803 年开始,允许某些没有医学学位但是具备医生职业能力的人从医,这些人被称为医官(officier de santé)。《包法利夫人》中的查理·包法利的身份就是医官。

寄人篱下的童年并不会快乐。在这里,萨特给安娜设计了一个"原始选择",即她将来只会嫁给父亲。这样的原始选择其实正是上文中分析的"原始谋划"的组成部分,是其内在发展的第一步。而这其中所隐含的对父亲的爱恋情绪正是弗洛伊德所提出的"厄勒克特拉情结"(Electra complex)。十八岁那年,她的梦想成为现实,她嫁给了鲁昂市主宫医院的解剖官阿希尔-克罗巴·福楼拜。在她的心目中,此人是她再生的父亲,因为他的出现,她得以重新开始自己十岁之后的光阴。

安娜对这个男人的感情更像是女儿对父亲。虽然她也爱自己的孩子们,但更多是为了通过生孩子证明家族旺盛的繁衍能力。因此对这位母亲来说,孩子们的存在仅仅是为了让她履行母亲的责任,尤其对儿子们而言。然而她极其渴望拥有一个女儿,让这个女儿在父亲和母亲共同的关爱下成长,让她替自己完成重生的任务,让她替自己弥补毁掉的童年,去弥补那些难以抚平的精神创伤。这样一个渴望生女儿的愿望被萨特解析得顺理成章。但不幸的是,十三年的婚姻生活中,她接连生了五个男孩儿,只有长子阿希尔的诞生为她带来了欢乐。她从第二次怀孕就盼望能够生育一个女儿,但是她接连失望了四次,其间除了福楼拜存活下来,其他三个男孩儿都夭折了。直到第六次怀孕才顺利产下了福楼拜的妹妹卡罗琳娜,也正是这女儿几乎得到了安娜所有的爱。这完全能够证明为什么在福楼拜兄妹三人当中,福楼拜是最不受宠的那个孩子。

(三)他者的目光——父亲

父亲在福楼拜幼年时是什么样的地位?身为受人尊重的主宫医院外科医生,这位父亲的性格中包含比母亲更多的冷静。萨特在第一卷的第六章里集中分析了福楼拜父子之间的关系和相处模式。方法上是逆退的,萨特在第一小节就用"回到逆退分析"做标题,这种对方法的有意识的运用从这里也可见一斑。

萨特把福楼拜医生定位为审视者,他的存在就是他的目光——"外科医生的目光"(regard chirurgical)。萨特这样写道:在福楼拜第一次癫痫发作之后,他父亲"从早到晚,随时会闯进来,握着他儿子的脉搏,用'外科医生的目光'打量着他的脸庞,仿佛要拆穿一切谎言"[①]。萨特认为,"他人"的目光中父

---

① J.-P. SARTRE, *L'Idiot de la famille*, *Gustave Flaubert de* 1821 *à* 1857, Paris, Gallimard,1988,p.1891.

母的目光尤其具有审判者的效果。父母处在神一般的位置,"当这些神明把目光投向他身上时,这个目光立即使他的存在由表面直至其核心都得到理由。这个目光赋予他一种确定的、神圣的性质:既然神明不可能弄错,他就是他们见到他的那个样子"①。

在萨特创作的传记小说中,多次描述过这样一种具有穿透力、能够冻僵和溶解他人的目光。《圣热内,喜剧演员和殉道者》中的热内,以及《家中的低能儿》中的福楼拜都被这种目光审视过。这目光的所有者是有学究气的祖父、终身务农笃信宗教的养父或是声名在外的外科医生父亲,他们共同演绎的严父——他人形象代表着道德的审判者。他们甚至不用发出只言片语,其目光已经代替他们对孩子做出了判定:"你是傻瓜"或"你是小偷"。

他人的存在始终是主体意识形成过程中的一个途径,没有他人的真空环境绝不存在。萨特利用存在主义精神分析法研究过的这些人物,在他们的生平当中他人的存在更像是一道玻璃墙,他们可以透过这道墙看到世界,但始终不能真正触摸真相。

(四)被动的共谋——兄妹

除了父母,兄长和妹妹的存在也不容忽视。妹妹卡罗琳娜受宠的原因上文已经说明。而兄长阿希尔的宠儿地位,除了他是家庭的长子,担负着继承家业的责任这个原因,还有一层因素,那就是他确实是传统意义上的好孩子,具备了聪明勤奋、成绩优秀、体格强壮等诸多值得称道的优点。面对这样一个堪称完美的兄长,福楼拜从出生起就没有得到过父母的赞许。萨特已经给出了兄弟俩学习语言的例子,阿希尔毫无困难,而福楼拜却让父母大为光火。在他冷淡的母亲和苛刻的父亲的眼里,这个孩子的确一无是处,一生都只是"家中的低能儿"。

围绕着"家庭计划"这个基点,萨特从包括福楼拜的侄女在内的几位证人的证言和一些往来书信中寻找证据,证实了他的阅读障碍与被动性格之间的因果关系,以及被动性格与家庭环境之间的联系。

福楼拜之外的所有家庭成员之间形成了共谋的关系,他们将这个男孩排除在共同认可的小资产阶级的价值观之外。他沉默地在缝隙中试图找到自己

---

① (法)萨特著,施康强译:《波德莱尔》,北京:北京燕山出版社,2006年,第32页。

的出路,最终帮助他解决生存难题的是他的两个"谋划"。

三、福楼拜的两个"谋划"

"神经官能症谋划"显然是福楼拜的原始谋划。萨特认为,对于一个各方面都处于劣势的孩子来说,为自己制造一种身体方面的疾病不失为逃避精神痛苦的良方。一直生活在压力之下的福楼拜、欠缺语言能力的福楼拜,一边被动逃避着家庭施加给他的精神痛苦,一边不自知地探索解脱之路。在孜孜不倦的摸索和尝试的过程中,福楼拜最终与第二个谋划不期而遇,即"文学谋划"。萨特说,在福楼拜身上,"神经官能症谋划"和"文学谋划"不仅仅是共生这么简单,这两个谋划是互相成全的关系。①

(一)第一个谋划

福楼拜的神经官能症并非在短时期内形成的。在第二卷中,萨特用 300 页的篇幅分析福楼拜二十三岁之前神经官能症的发展过程,这一部分可以称作"前神经官能症"(prénévrose)时期。这段时期持续得相当久,可以说从识字事件就已经开始了。第二卷里,萨特把重点放在了福楼拜读中学之后的这段时间。

如果说在之前的环境里,"他人"(les Autres)只是他的家庭成员,那么进入中学之后,"他人"指代的范围扩大了。除了要忍受来自家庭的压力,福楼拜在初中的几年时间里倍受歧视:因为他的内向和迟钝,老师和同学经常嘲笑他。少年福楼拜体会着无法言说的绝望,他甚至认为连天父都忘记了他的存在,不愿意赐给他恩典。于是无助的少年只能自救,在面对这些嘲讽和歧视的时候能做的就是"非现实化"。这个法子对他来说并不陌生,甚至可以说他相当拿手了。福楼拜的非现实化是通过思想逃逸来实现的,他从幼年时期就已开始操练这个技能。每当受到威胁,他便本能地把这个本事施展出来。在学校里,他显得更加迟钝和心不在焉。作为最为卑微的存在,他想象自己所经历的痛苦可以带他飞往至高无上之处。

---

① J.-P. SARTRE, *L'Idiot de la famille*, *Gustave Flaubert de* 1821 *à* 1857, Paris, Gallimard, 1988, p.1930.

　　萨特引用了福楼拜在《十一月》^①中的语句："在经受了某些痛苦之后，人便不存在了，便可以藐视一切。"^②这种体验是自我的逃逸，在极致痛苦的名义下，体验对存在的彻底蔑视。

　　这种精神的逃逸，就是福楼拜逃脱现实的方式。萨特引用了福楼拜在《狂人回忆录》^③中的回忆："我依然能看到童年的自己，当老师嘲笑我用拉丁文撰写的诗歌，同学们冲我扮鬼脸的时候，而我在幻想着一个孩子所能想到的最崇高的事情。"^④福楼拜的走神情况总是发生在课堂上，如教师发下作业本并讲评的时刻。少年福楼拜沉醉在自己的世界里，完全不知自己身在何方，直到周围的讥笑声将他拉回现实，原来大家在嘲笑他和他的作业。我们是否应该相信福楼拜所说，这种情况总是事发偶然？事实并非如此，福楼拜一早就知道将会发生什么事情，他知道作业将要发下来，而侮辱他的仪式也会照常举行。

　　用"非现实化"的方法，福楼拜在学校得以生存下来，同时他结交了朋友，也开始尝试写作。到 1840 年，福楼拜在鲁昂完成了初中和高中的学业，并通过了高中毕业会考。四年之后，我们终于等到了福楼拜生平记事中非常著名的一个事件：癫痫发作事件。1844 年 1 月，酝酿中的疾病终于如火山喷发般发作了。其导火索非常明显：来自父亲的命令。

　　那么从福楼拜高中毕业到第一次发病的这五年期间发生了什么？1840年他通过高中毕业会考之后，8 月至 10 月期间在比利牛斯山区和科西嘉岛旅行。随后他遵从父亲的安排前往巴黎学习法律，为将来从事律师职业做准备。在巴黎学习的三年期间，他不断质疑自己的学业，并在给朋友的书信中表达了希望通过写作证明自己的想法。1843 年 1 月 22 日他给友人的信中这样写道："我脑海里已经开始酝酿三部小说，这将是三个风格各异的故事，要用完全不同的写作方式。这足以向我自己证明我是否真的有写作的才华。"^⑤1843 年

---

①　《十一月》是福楼拜的中篇小说，1848 年出版。

②　J.-P. SARTRE, *L'Idiot de la famille*, *Gustave Flaubert de* 1821 *à* 1857, Paris, Gallimard, 1988, p.1183.

③　《狂人回忆录》是福楼拜的半自传体小说，也是福楼拜撰写的第一部文学作品，于1838 年写就，1901 年出版。

④　J.-P. SARTRE, *L'Idiot de la famille*, *Gustave Flaubert de* 1821 *à* 1857, Paris, Gallimard, 1988, p.1184.

⑤　Gustave FLAUBERT, *Correspondance*, Tome II, Paris, Nizet, 2001, p.92.

他开始着手撰写《情感教育》,同年他开始接触法国文坛一些出名人物,比如雨果和当时的法兰西学院院士马克西姆·杜冈(1822—1894)。但是他在巴黎的学业始终是他无法回避的问题。终于在 1844 年 1 月初,在离开主教桥市(Ville de Pont-Évêque)的路途中,他突然口吐白沫、四肢痉挛昏倒在马车上,紧接着 1 月末又发作了一次。身为外科医生的父亲和兄长做出了诊断:癫痫。接下来福楼拜得偿所愿地放弃了学业,返回了鲁昂市。对于这样的结果他显然是满意的。1845 年 1 月他写给友人的信可以证明:"我的疾病有一个好处,那就是家里终于肯让我自己安排自己了。"①他在这期间的经历显示,写作已经不仅是一个酝酿中的欲念,而是一个萌出的幼芽开始寻求阳光和水源,在为疯狂的成长做着准备。

(二)福楼拜的"文学谋划"与萨特的"深层谋划"

《家中的低能儿》的第三卷集中分析了福楼拜的第二个谋划,即"文学谋划"。总的说来,这部作品与我们前面分析的两部存在主义精神分析法代表作在方法上还是存在差异的。《波德莱尔》和《圣热内,喜剧演员和殉道者》都是在《存在与虚无》发表之后写成的,其方法上带有萨特早期哲学观的显著特征,即主观主义与个人主义。萨特创作《家中的低能儿》最早可以追溯到 1954 年前后,1955 年中断之后又断断续续撰写和修改,可以肯定的是,这部书的大部分成稿时间晚于《辩证理性批判》(1960)。因此,《家中的低能儿》与前两部作品的最大区别在于其中运用了《辩证理性批判》的理论成果,即关于"群体"、"集团"和"阶级"等的概念。其中前两卷着重用共情手段说明童年和少年福楼拜如何内化外部社会,马克思主义辩证法的运用并不明显,在第三卷中,为了证实福楼拜的"文学谋划"与神经官能症之间的关系,萨特更多地使用马克思主义的方法进行整体化。

福楼拜从"阅读障碍症"发作开始就已经显得与家族生活方式格格不入。福楼拜家族的生活模式是子承父业式的,是主动且功利主义的。福楼拜半推半就地接受了家庭对他的诊断——低能、没有活力,但是这反过来也成为他进行自我谋划的借口。

十七岁那年,家里责令他要为将来选择一个职业,他第一次对自己资产阶

---

① Gustave FLAUBERT, *Correspondance*, Tome II, Paris, Nizet, 2001, p.178.

级身份有了认识。他拒绝这个身份,但是他被动的性格导致他无法做出激烈的反抗。他在自己能力范围内所能做的就是让他的神经官能症继续发展,直到 1844 年 1 月彻底爆发癫痫。这场疾病持续了五年之久,这期间家庭不再逼迫福楼拜继续学习法律。他回到了克鲁瓦塞(Croisset),自愿过起了幽闭的生活。他沉醉在写作之中,怀着一颗虔诚的信念潜心研究理想的写作手法。从此他的痛苦只源于写作,以及对美的追寻。

萨特对福楼拜的整体化是辩证的,他论证了福楼拜的写作生涯与其神经官能症之间的必然联系。有人质疑萨特的研究无非老调重弹,即童年经验与社会条件是作家成年之后创作作品的必要条件,所以理应从作家研究回到作品研究。而萨特认为,了解作家与了解作品是一个双向互动的过程。想要了解作家与作品之间的关系,把作者作为切入点一定能够找到答案。萨特用福楼拜的《圣安东尼的诱惑》和《包法利夫人》两部作品之间的承接关系为自己做了辩护。

福楼拜撰写《圣安东尼的诱惑》的想法源于一幅同名油画。1845 年,福楼拜在陪伴新婚的妹妹与妹夫前往意大利旅行期间,偶然看到《圣安东尼的诱惑》这幅画,他深受触动,决心要撰写一部散文诗来表达自己的一切感思。撰写工作从 1847 年开始,其间完成了一些片段,但是福楼拜直到 1874 年才正式出版这部作品,而在这期间,也就是 1857 年,《包法利夫人》发表。萨特考察了福楼拜这期间的心路历程,他发现,《圣安东尼的诱惑》的写作工作在最初几年进行得并不顺利。1851 年,福楼拜与马克西姆·杜冈结伴前往东方旅行,他在旅途中不断反思《圣安东尼的诱惑》,并起念用另一个故事的外壳去诠释同一个主题,这就是《包法利夫人》一书的缘起。萨特通过渐进—逆退法还原了两部作品之间的传承关系,同时他还发现了福楼拜的两面,即失败者福楼拜与战胜者福楼拜,"他总在失败与胜利这两极之间游移"①。

萨特在《辩证理性批判》中谈到,对福楼拜及其作品的研究除了能够还原个体经验的特殊性,同时还能还原具体时代的普遍性存在,尤其是对福楼拜童年经历的梳理,在客观上能够丰富对 19 世纪上半叶法国小资产阶级的研究。"通过主宰特殊家庭群体,我们可以使被研究的阶级总是过于一般化的特征变

① 沈志明主编:《萨特文集》第 7 卷,北京:人民文学出版社,2005 年,第 365 页。

得更加丰富和具体化。"①同时这个整体化研究是可逆的,对群体和阶级的分析可以返回到其内部的个体对象身上,"在这一层次上,我们将发现这个孩子以自己的方式体验到的主要矛盾:资产阶级的分析精神同宗教的综合性神话的对立"②。

萨特所使用的这种分析方法还受到了关于"绝对意志"的质疑。人们认为他在书中所展现的无所不知的洞察力令人瞠目,并将之与"人想做上帝"的意图联系在了一起。萨特对此做出了否定的回答。他认为他撰写《家中的低能儿》的深层谋划,"是指出实际上一切都是可以传达的,作为普通人,不必成为上帝,只要掌握了应有的材料,也能完全理解一个人。我能预见福楼拜,我了解他,我的目的就是证明任何人都是完全可以被认识的,只要你使用适当的方法并且掌握必要的材料"③。萨特这个"深层谋划"贯穿了他从《存在与虚无》到《辩证理性批判》所构建的理论体系,他的存在主义哲学观点始终体现在他的人学观念上,并且为他的名言"存在主义是一种人道主义"做注脚。

---

① (法)萨特著,林骧华等译:《辩证理性批判》,合肥:安徽文艺出版社,1998年,第116页。

② (法)萨特著,林骧华等译:《辩证理性批判》,合肥:安徽文艺出版社,1998年,第116页。

③ (法)萨特著,林骧华等译:《辩证理性批判》,合肥:安徽文艺出版社,1998年,第363页。

第三章————————————————————————

萨特理论给中国传记文学
与传记批评的启发和借鉴

第一节　中国传记文学与传记批评发展概述

一、中国传记文学创作概述

中国传记批评以传记文学创作为基础,将文学家、作家等作为记录对象,通过梳理讲述传主生平,进而达到分析理解传主的文学创作动机及其作品的目的。传记批评始终以传记文学创作为基础,而且最早对传记文学和传记批评理论有所创见的一般都是传记作家。

中国传记文学最早可以追溯到先秦文学。传记正式成为一种文学体裁是以司马迁的《史记》诞生为标志的。除司马迁之外,古代传记文学作家较为出名的有班固、陈寿、范晔、韩愈、柳宗元、欧阳修、苏轼、宋濂、李开先、归有光、袁宏道、张岱、全祖望、方苞等。传记作品中,史传《史记》《汉书》《三国志》《后汉书》和《新五代史》的文学价值最高。中国古代的传记创作在漫长岁月里贡献了诸多精品,并在创作实践的基础上不断思考论证,逐步建构了传记创作和批评理论。

至近代,随着中国知识分子对西方资产阶级思想的接触与吸纳,中国传记文学创作开始出现向现代传记形式的转变,传记创作和批评理论也明显融合了西方传记创作的经验。这一时期的传记作品往往以弘扬民族大义和反帝反封建为主题,具有代表性的传记作家有桐城派的梅曾亮、曾国藩等,以及近代史上极为重要的文学改良派的代表人物梁启超。

五四运动之后,中国的传记创作在创作形式上进一步借鉴西方优秀的传记作品,这一时期自传和他传创作皆有重大发展。自传方面,胡适的《四十自述》、郁达夫的《达夫日记》、沈从文的《从文自传》以及郭沫若的《沫若自传》都成为现在传记文学创作中的精品。他传的成果则更为丰富多样,有以历史名人为传主的,有记录中外文人的,更有以五四同时代人为记录对象的。在西方新理论新方法的影响下,这一时期的传记创作理论也取得了长足进步,代表性的论著有孙毓棠的《传记与文学》,郁达夫的《传记文学》和《什么是传记文学》,朱东润的《中国传叙文学底进展》、《传叙文学之前途》与《传叙文学与人格等》。现代传记批评在文人传记创作的基础上正式成为一种文学批评方法,其代表人物是李长之,他为多位作家撰写传记作品,如《司马迁人格与风格》《道教徒的诗人李白及其痛苦》等,从作家生平研究的角度对其文学创作进行理解和解读。

当代传记文学的蓬勃发展主要是从 20 世纪 80 年代中期开始的,传记写作一时成为风潮。这一时期出版了大量的传记,且"传记作品已成为仅次于小说的第二大畅销读物"①。传记创作领域出版了不少精品,学界对传记创作和传记批评理论的研究也随着东西方文化交流的日益频繁,以及学者专业化程度的日益加强而有了更大进步。

(一)中国传记文学的分类问题

按照传记作品产生的时期,学界一般将先秦至 1840 年鸦片战争之间出现的传记作品称为古代传记,鸦片战争至 1911 年辛亥革命之间的传记文学作品称为近代传记,辛亥革命至 1949 年中华人民共和国成立之间的传记作品称为现代传记,1949 年以后的传记作品则统称为当代传记。

鉴于中国传记文学作品数量巨大,如何对之进行分类是一个重要问题。本书参考陈兰村在《中国传记文学发展史》中所采用的分类方法,即根据传记

---

① 陈兰村主编:《中国传记文学发展史》,北京:语文出版社,2012 年,第 1 页。

文本的内容和形式将中国古近代的传记文学分为四类,分别是史传、杂传、散传和专传。

其中,史传指纪传体正史中的人物传记,主要包括汉代以后出版的正史传记,如《史记》《汉书》《三国志》和《后汉书》等中的人物传记。这类史传作品在整部正史中所占篇幅通常较短,但所用资料翔实,以叙述人物的重点事件来突出人物性格特征。

杂传,是指从汉代开始出现的单独成书的传记,如《列女传》《高僧传》等。杂传摆脱史传中规中矩的叙事方式,但依然以真人真事为记录对象。在传主的选择方面较多呈现了作者的个人喜好,因而在叙事和对传主的评价中常融入了作者的主观情感。

散传,出现于汉代,是指正史和杂传之外独立成篇的个人传记,也可以是各家文集中出现的个人传记。散传是古代传记文学的主要体裁之一。其形式包括传状、碑铭或自序,也可以是自传和别传,如《五柳先生传》《法显传》等。散传在艺术特色方面注重凸显传主的个性特征,常常捕捉生活中的个别细节加以描述,娓娓道来,生动自然。

专传,通常指以单个传主为记录对象,且单独成书的传记作品。专传篇幅较长,作者不必吝惜笔墨,可对传主生平事迹加以详细记录,同时突出重要事件,全面展现传主的生平和性格。具有代表性的著作有《慈恩三藏法师传》等。

相比之下,中国现当代传记文学则主要呈现为自传、回忆录或专传等形式。有以专著形式出版的作品,如胡适的《四十自述》和《丁文江的传记》、沈从文的《从文自传》,也有以文章形式发表的作品,等等。

(二)中国传记文学呈现的若干特征

中国传记文学的发展具有一定的规律性。陈兰村对此做了概括和总结,他认为其特点与规律体现在四个方面。

第一,传记写作尤其是古代史传的创作与传记作家所处的生态环境密切相关。这里所说的生态环境,具体而言是"指社会环境是否安定,思想意识形态是否较为自由,行政对传记写作是否有不恰当的干预等"[①]。这三个方面的因素对传记创作的影响显而易见,如果生态环境有利,传记文学创作尤其是史

---

① 陈兰村主编:《中国传记文学发展史》,北京:语文出版社,2012 年,第 8 页。

传的创作会呈现出繁荣态势。

第二，传记文学的发展与思想界对人性的认识程度有密切联系。在西方文化发展史上，人性从文艺复兴时期开始成为文学艺术哲学诸多领域的研究重点，到启蒙运动时期进一步成为一面启发民众思想的大旗。陈兰村指出，中国历史上的五次有关人性的重要讨论对传记文学的发展有着显著的促进作用。其中第一次讨论是战国时期的人性善恶说之争，汉代司马迁所撰《史记》也有对人性善恶的描写。

第三，中国传记尤其是中国古代传记文学创作具有功利性，因此传记所记录内容与传主的真实生平经历之间往往存在偏差。传记这种文学形式往往承担着"以史为鉴"的教化作用，作者在记录和评述传主的时候常常将自己对人生、对社会的主张融入其中，因此传记的内容可能缺乏真实性，作者的观点亦缺乏客观性。同样，如果传记作者受封建统治者政治需求的钳制，也有可能写出编造或歪曲事实的文字内容。总而言之，传记创作的功利性与真实性之间的偏差越小，则传记的文学价值与历史价值越高；二者之间的偏差越大，则传记作品所具备的价值越低。司马迁撰写《史记》有着明确的价值取向，如人才对于国家治理的重要性，因而他在记录张良、韩信等历史人物时不但尊重这些人的生平真实事迹，同时还着重突出他们贤才良将的形象。

第四，传记文学的发展其实是传记文学各因素的发展与更迭。陈兰村将传记文学诸因素总结为传主、题材、情感表达、体裁形式和表现方法等。

在传主方面，我国史传中记录的传主多为历史名人。及至散传出现，普通人逐渐成为被记录的对象，其中甚至不乏名篇。在传记题材方面，史传因其主要承担着教化的功能，因而以记录传主的生平成就为主，如其在政治、军事、社会影响等方面的事迹，这些事件属于传主的公共生活层面。到了明代及以后，传记作家更多地在作品中呈现传主的家庭生活，这是一种进步，将传主作为普通人的一面展现于读者面前。现当代传记作品则尽量兼顾传主的工作生活与家庭生活，力图全面展现传主的一生，有助于读者深入理解传主的生平遭遇与其性格成因之间的关联。

在传记的情感表达方面，主要涉及作品中所描写的传主的情感，以及传记作者本人在作品中所抒发的情感。个人编修的史传往往融入了作者本人的思想感情的抒发。司马迁在《史记》中展现了丰富的个人情感表达。他在《屈原列传赞》中写道:"余读《离骚》《天问》《招魂》《哀郢》,悲其志。适长沙,观屈原所自沉渊,未尝不垂涕,想见其为人。"①作者对传主遭遇产生深切同情,这也是理解传主的起点,进一步将这种同情表达在传记作品中,令读者产生共鸣,这正是优秀的传记作品所产生的艺术影响力。相比之下,集体编修和官修的传记较少融入作者个人情感方面的表达,叙事仅保证基本的记录和教化功能。

至于体裁形式,前面在传记分类中已有详细说明。从史传到杂传、散传以及专传,中国传记文学的体裁形式逐渐从单一转向丰富多样,为创作传记的作者提供了多种思路选择。中国传记的表现手法除了传统的叙事手段,也借鉴了其他文学形式以及西方传记文学形式的创作手法,尤其是现当代传记创作更多融入了小说的写作手法,讲究叙事技巧,更为引人入胜。

二、中国传记文学和批评理论的衍生和发展

中国的传记文学创作和批评理论在传记文学出现后不久就开始发展起来。以下按照历史朝代先后顺序加以概括。

(一)古代传记文学与批评理论概述

中国古代传记的起点是先秦文学。先秦时间跨度很长,这一时期重要的文学作品,如《诗经》、先秦诸子散文、《离骚》、《左传》、《战国策》等均有传记萌芽的痕迹。传记在这一阶段不是独立的文学形式,一般依附于诗歌、史论等体裁中,其中凡涉及写人的篇章片段均可视为传记的雏形。以先秦诸子散文为例,其记录了各思想流派名家的言论事迹等,已有较为显著的传记特征,如《论语》以语录体记载孔子及其弟子的言行,人物问答之间凸显他们各自的性格。

至西汉时期,《史记》的出现是中国传记史上的里程碑,是传记成为文学体裁的起点。《史记》在史学上开创了纪传体的体裁,在文学上创造了人物记实这一写作方式。司马迁在《史记》中没有专门讨论写作理论,但是作品充分反映了他针对史传创作所进行的思考。司马迁接受其父关于写史的遗命,撰写《史记》以总结先秦至汉的历史事件和文化现象,因此《史记》最重要的功能是惩恶扬善的教化功能。在对传主的选择上,司马迁写得最多的是有卓越成就

---

① 转引自陈兰村主编:《中国传记文学发展史》,北京:语文出版社,2012年,第95页。

的历史名人,而非手握重权的朝廷大员。司马迁为真实历史人物撰写传记,更深层次的原因是探讨何为命运。"《史记》以人物为本位,不仅体现在著述形式上以人物传记为主,在内容上亦以探讨历史人物的人生哲学为重点,而其中尤为重要的表现为探讨人物的命运哲理。"①如《项羽本纪》记录了项羽身为盖世英雄最后却落得自刎乌江的结局;《商君列传》记录的是辅佐秦孝公施行变法的商鞅在秦孝公死后被秦惠王车裂。《史记》中这类以悲剧命运告终的人物数以百计。司马迁并不局限于纪实,他更希望通过梳理这些人的人生轨迹达到对人、对所谓天命的理解。司马迁这种以人为本、探讨个人命运成因的写作立场,跨越千年与本书所研究的萨特传记批评产生了共鸣。从这一点来说,传记从诞生伊始,其功能与目的就包含着一些稳定不变的成分。

此外,司马迁对于传记写作形式有开创性贡献。首先,在传记体例方面,《史记》中有本纪、世家和列传三种形式,其中本纪主要记录帝王天子,世家主要记录诸侯,列传则记录胸怀大义或才华卓越之人。其次,司马迁秉承先秦诸子散文的做法,将个人的爱憎褒贬融入作品中,开创了传赞的写法。司马迁在每一篇传记的结尾都会特别撰写一段以"太史公曰"起头的文字,用以表达他对传主的评价,以及抒发他的个人感情,如《屈原列传》的最后一段传赞,司马迁以共情的方式,表达钦佩屈原人格高洁、叹息其命运多舛的情感。《史记》是中国传记史上的一座丰碑,为后世传记创作与传记批评提供了实践和研究的基础。

东汉时期最为成功的传记作品当属班固所著《汉书》,有关传记创作理论的评述最早也可追溯至《汉书》。同时,《汉书》在某种意义上是可与《史记》比肩的一部宏伟巨作,因而后世不断将司马迁与班固进行对比研究,被称为"班马优劣说"。

《汉书》既具有史学评论的特色,也可被视为传记理论。如在《汉书·司马迁传》中,班固一方面肯定《史记》据实写作的优点,另一方面也批评司马迁在评述历史人物时"是非颇谬于圣人",即对人物评判没有严格遵循孔子的思想。班固的观点为传记创作提出了一个疑问,即作家在传记文学创作中应该秉承何种指导思想,以及是否应该有自己的主观态度的问题。对于这个疑问,汉代

---

① 陈兰村主编:《中国传记文学发展史》,北京:语文出版社,2012 年,第 76 页。

以后的理论家有不同的回答，或支持以孔子思想为正统、杜绝作者个人思想的介入，或支持作家在传记中勇于表达个人思想感情并体现作品个性。此外，班固谈及《史记》时赞曰："其文直，其事核，不虚美，不隐恶，故谓之实录。"①所谓"不虚美"与"不隐恶"是指对所记录人物不应一味赞美或一味贬低，班固认为编撰史传应该以尊重事实为基础。如果作者不能尊重事实，对传主生平事件进行歪曲或捏造，这样的传记作品非但失去了史料的参考价值，同样也失去了文学价值。从传记作品出现至今，关于传记真实性的讨论从未终止，因此一直是传记文学创作和传记批评理论研究需要解决的重要问题。

魏晋南北朝时期，传记作为文体得到了确认。这一时期的传记文学理论依然未形成专门的理论体系，只是零散地出现在一些文学批评类的文章当中。曹丕所著《典论·论文》、裴松之的《三国志注》、陆机的《文赋》、刘勰的《文心雕龙·史传》等都有关于传记作为独立文体的评述。②

这一时期相关论述有共通之处。首先，提倡传记文学应具有真实性，要求写人叙事真实可信。如，刘勰在《文心雕龙》中提出了"情深而不诡"、"事信而不诞"和"义直而不回"这三条可用作评价传记作品的标准。其中，"事信"与"义直"指作品中所记述的事件必须符合历史事实与正义正直的标准。其次，在人物塑造方面，这一时期的理论研究逐渐注意到了对传主形象特征的描绘。例如，裴松之注释《三国志》时注意到了传记中所记录的人物语言应该符合其身份特征，这样才能使人物形象具有真实性。刘劭所著《人物志》中，主张在对人物进行描摹时要重视对眼睛神采的刻画，进而反映人物的精神世界。

到了唐代，传记文学和传记批评理论进一步发展，出现了若干有深度有分量的著述，刘知幾所著《史通》是其中佼佼者。如果说唐代之前有关传记理论的论著只是零散的篇章，那么《史通》可被视为我国文学批评史上第一部关于史传文学理论的论著。刘知幾对于传记创作的观点大体可以概括为三个方面，即传记作者的基本素养问题、传记创作需尊重事实，以及传记写作中的叙事手法。刘知幾认为，编修史传的人不但要具备对事实进行综合衡量的能力，还需要出色的写作能力，以及收集和掌握充分材料的能力。刘知幾关于传记

---

① 班固：《汉书》卷六二，《司马迁传》，北京：中华书局，1962年，第2737页。
② 参见陈兰村主编：《中国传记文学发展史》，北京：语文出版社，2012年，第154页。

创作真实性的表述主要出现在《史通》的《直书》中,因此可以概括为"直书论"。所谓"直书",是指在记录历史人物或历史事件时尊重事实原貌,如实讲述,不歪曲不捏造。此外,他的"直书"还指对人物或事件的详细记述。封建统治之下,文人在撰写史传时因惧怕触怒统治者,往往采取曲笔的手法,或干脆隐去某些细节。因而刘知幾的"直书"主张难能可贵,体现了他本人的道德价值观念。至于传记写作的叙事手法问题,刘知幾主张"文约而事丰"。他提倡破除骈体文的影响,以简约的笔法来记录丰满的人物形象和丰富的历史事件。具体操作上,他提出"叙事之省"的做法,即在叙述中"省字"与"省句"。此外要"略小存大",意思是抓住集中体现人物性格命运的主要事迹,或者体现事件关键的重要细节进行描写,这样才能做到"举重明轻"。

唐代除刘知幾之外,韩愈与柳宗元也在传记创作和传记批评方面提出了一些值得后世借鉴的理论。这些理论没有单独成书,大多为零散的篇章。韩、柳二人同样关注传记文学的真实性问题,且主张传记的文学性与真实性应该保持统一。这些观点均符合古代史传的实录主张,同时也对传记的文学性进行了思考。

至宋代,各类传记形式被作为专门的门类看待。北宋欧阳修等编撰的《新唐书·艺文志》在乙部史录下专辟"杂传记类"。经历了古文运动之后,宋代的传记文学创作也走向了新的高度。这一时期的传记作家提倡实用的文风,他们通过各自的传记写作为传记创作提供了新的理论思路,其中具有代表性的人物有柳开、范仲淹等。柳开是北宋诗文革新运动的先驱,面对盛行不衰的浮靡骈文风气,他倡导通过"复古"达到革新的目的,即主张文章应该"古其理,高其意"。他所著的《东郊野夫传》与《补亡先生传》两篇自传反映了他重叙事也重议论与抒情的实用主义文风。北宋政治家、文学家范仲淹所撰《东染院使种君墓志铭》,以朴实的文风,选取传主若干典型事件进行重点描述,突出了人物的管理才能,同时还融入了范仲淹自己的评价和感受,更显真实。北宋还有欧阳修、宋祁等传记名家,尤其是欧阳修的散传创作,在推动传记文学发展方面做出了不可忽视的贡献。宋代的传记理论较少独立著作,大多数以笔记、书信或史论的形式出现。这一时期的史传研究依然集中在对《史记》和《汉书》的评价上,"班马优劣论"在宋代盛极一时就是证明。这种对比研究的方法体现了宋代史评科学化、客观化的倾向。散传理论方面贡献最大者当属欧阳修、曾巩与黄千等。欧阳修认为碑铭等散传的撰写应秉持"简而有法"的原则,主张选取具有代表性的事件来体现传主的性格气质;曾巩提倡散传的创作应关注平凡人和平凡事;南宋黄千则针对散传,尤其是行状提出作者应秉持的态度、写作目的以及如何选择素材等问题。

宋金对峙时期,文坛出现了大量的散传。这些散传或介绍文人成就,或歌颂爱国英雄,还有一些散传作品将平民作为记录的对象。以金人元好问为代表的北方文人加入到传记文学创作阵营中来,并在文风上自成一派。元好问一生创作大量散传,其编撰的《中州集》共收录 251 位金代诗人所创作的诗歌两千余首,且对每位诗人附简短小传加以介绍。至元代,史传的创作持续进行,代表性著作有《宋史》《辽史》和《金史》。三史当中颇多人物传记,如对岳飞、陆游、辛弃疾等人的记录。元代杂传里最为出名的是辛文房撰写的《唐才子传》,这部十余卷的杂传论及的唐代诗人近四百位,记录了大量有关唐代诗人的生平资料,并且对他们各自的诗歌创作成就做出了评价,成为后世研究唐代诗歌的重要历史资料,堪称作家传记批评的早期代表作。

明代的传记创作呈现两极分化的态势。一方面,宋明以来程朱理学大行其道,封建统治者用"存天理,灭人欲"的思想治理社会、约束民众,因此一部分传统传记以颂扬贞洁烈女、孝子贤臣为主题;另一方面,随着市民文学逐渐兴起,记录市井阶层人物的传记作品也愈来愈多,其中的代表作家是李梦阳、李开先、公安派的袁氏三兄弟,以及张岱。明代传记文学集大成者当属宋濂,他笔下的人物上至官员下至市民,突破了单一人物类型的局限;而且宋濂在作品中恰当融入了对自然环境和社会环境的描写,这是古代传记写作手法上的一大突破,显现了他高超的写作技巧。明代的传记创作理论除了延续前人的《史记》研究,最突出的贡献是开始涉及人性的解放。明代作家如李梦阳、李开先等,抨击程朱理学压抑人性的理论,主张在传记写作中描写人物的真实处境,体现他们的真情实感。

清代传记文学的发展在创新的基础上突出了精细化的特质,其中以桐城派的成就最高。清朝初年很大一部分传记作家有着强烈的反清意识,因此他们记录的对象往往是抗清英雄。这类作品里交织着对逝去明王朝的缅怀和对清朝统治者的愤恨,其中具有代表性的作家是顾炎武、黄宗羲、张岱、全祖望等。桐城派是由文人方苞发起而形成的散文流派,该流派在清朝文坛绵延超两百年,具有较大影响力。桐城派除了散文创作,留给世人的亦有大量传记作品。桐城派文人奉行程朱理学,讲究"言有物"与"言有序",因此其散文多以宣扬封建道德观念与维护封建统治秩序为目的,反而不如他们创作的传记更具艺术价值。以方苞为例,他一生创作两百余篇传记文,且以墓志铭碑文为主,文字简洁雅致,言之有物,且颇具现实意义。清代传记文学和批评理论有较大发展,学者章学诚在其理论著作《文史通义》中专门讨论了传记的文体特征问题。他指出中国传记长期依附于史料编撰,未能成为独立文体,而传记创作发展至今,传记作品在所有文学作品中所占比重不可小觑,因此更应该为其专门辟出一席之地。此外,金圣叹和顾炎武对传记理论也有贡献。金圣叹通过对比小说与传记的差异,指出小说叙事的要领是"因文生事",而传记则应该"以文运事"。这简单八个字点出了小说依赖虚构,而传记重在纪实的实质。顾炎武是清代考据学派的代表人物,他主张撰写传记要重视考据,务求材料的真实性。此外,他认为撰写传记作品时文字的繁简应该视需要而定,即"辞主乎达,不主乎简"。

从以上概括可以看出,中国古代传记文学自出现伊始便一直随着时代环境、审美标准的变化而发展。这一时期的传记文学理论家基本都从事传记创作,因此他们建构的理论往往从自身的创作经验中来。这些理论有共同点,如大部分传记作家提倡传记创作尊重历史真实,尽最大可能还原历史真相;但不同时期的理论在一些问题上有分歧,如在文字繁简的问题上,唐代刘知幾主张省字省句,清代顾炎武则认为繁简无定论,应视撰文需要而定。总体而言,古代文学传记文学的创作产生了大量优秀作品,传记理论研究方面不断向深入发展、不断创新。

(二)近代传记文学与批评理论概述

古代传记文学从先秦的传记文学雏形起至清代,绵延逾千年,无论是创作还是理论研究俱积累丰厚、成就卓著。与之相比,近代传记文学从 1840 年鸦片战争开始至 1911 年辛亥革命,时间跨度仅有 70 年。但这一时期,中国受到西方列强的侵略,进入半封建半殖民地社会阶段,文学以及传记文学创作都深深打上了时代的烙印。这一时期的文人学者在继承古典文学创作传统的基础上,开始接触和接纳西方文学创作的一些理论,并在文学创作活动中进行实践。最具有代表性的事件是文学改良派的出现,这对传记文学有着显著的影响。因此,中国近代传记文学是连接中国古代传记与现当代传记之间的桥梁,在中国传记史上起到承上启下的重要作用。

　　桐城派的传记文学创作在这一时期持续发展,梅曾亮、曾国藩、林纾是其中的佼佼者,他们在继承该派原有优秀传统的基础上又各有改良。梅曾亮的传记创作深受时代影响,他所记录的传主有的是率兵抵抗外侮的民族英雄(《王刚节公家传》),有的是清廉正义却终被腐败官场打败的清朝官员(《蒋念亭家传》)。梅曾亮重视传记的真实性,这在一定程度上纠正了桐城派一直以来"义法"至上的原则。在文法方面,梅曾亮没有完全遵循桐城派崇尚"雅洁"的做法,他的文字或恢弘雄健或气韵华美,对曾国藩的文学创作产生了直接影响。曾国藩作为晚清时期桐城派的杰出代表,其在传记文学创作方面有诸多成就。曾国藩所撰传记文多为碑铭,这些文字记录传主生平事迹,也鲜明传达了曾本人的政治立场。古代传记主要作用是"以传窥史",主要目的是记录历史;而曾国藩则通过碑铭创作体现了传记文的"以史传人"的功能,即重在记录人。此外,曾国藩文风雄浑有力,表达的情感深沉含蓄,使得他的传记作品在桐城派以柔美文风为传统的作品中脱颖而出。桐城派后期传记文的共同特点是与时政的紧密结合,同时也出现了擅长记录市井人情的传记作家,如林纾等人。林纾虽属桐城派,但其创作的传记作品中颇多传主是普通人。林纾擅长在叙事中凸显人物的性格特征,文风优美,情感真挚,颇能打动读者。

　　在这一时期,中国传记文学的大幅度转变以改良派的出现为标志。改良派文人所代表的清末资产阶级受到西方文化的影响,开始在传记文学创作的内容、形式等诸多方面进行尝试,其代表人物有严复、梁启超等。严复的传记文特别之处在于,他首开中国人为外国人立传的先河,著有《孟德斯鸠列传》和《斯密亚丹传》等。严复选择同时代传主时不畏强权,如他为当时受秋瑾事件牵连的女义士吴芝瑛作传,也借由此传宣传了他的改良主义思想。

　　改良派另一位重要代表人物梁启超,在传记创作和传记理论方面成就卓著。梁启超在传记文学创作中,其题材、体裁、文风等方面不但继承了历代传记创作的优良传统,而且进一步将西方传记创作的先进理念融入作品中。梁启超对传记文学所做创新颇多,主要体现在对传主的选择、对西方传记体例和写作手法的借鉴,以及扎实考证保证真实性这三方面。首先,梁启超的传记文所选择的传主既有中国古代名人,如下西洋的郑和,也有西方名人,如《意大利建国三杰传》记录了领导意大利资产阶级复兴运动的马志尼、加里波第和加富尔,还有与他本人同时代的人,如《戊戌六君子传》。不难看出,梁启超所选择的传主皆是跟西方文化有着重要关联的人,因而他撰写名人传记的目的可以说非常明确,即传播启蒙思想和启发民智。其次,梁启超的传记文在体例和写作手法上都借鉴了西方传记文学的创作经验。在体例方面,"1901 年撰成的《李鸿章》,标志着中国传记文学史具有现代意义的传记文的嚆矢"①。该传独立成书,分为十二章,结构分明。《李鸿章》是中国历代传记作品中第一部将内容分章布局的传记。在写作手法方面,梁启超引入了西方传记作品对传主内心活动的描摹。梁启超所撰《近世第一女杰罗兰夫人传》中有大量对传主心理状态变化的描写,配合对历史事实的叙事,凸显了罗兰夫人的坚毅个性。最后,梁启超的传记作品重视真实性,因而他的材料考证总是相当扎实。如《李鸿章》这样一部约十四万字的大部头传记,其中所用材料无论是年代还是事件经过都极为翔实。同时,为提高材料的真实性,梁启超倡导"口碑实录",以留下大量真实的记录,此举对于后世撰写名人传记大有助益。

此外,梁启超对传记理论的建构颇有建树。首先,他提出传记应是独立于历史史料的专门文体,因此为传主做专传很有必要。之前历代的传记作品往往依附于史料记载而存在,即使是一人一传,也多以碑铭形式出现。梁启超的主张使得传记文学正式获得了独立文体的地位,而且传记文学进入现代阶段之后,专传基本成为了传记创作的主流。其次,梁启超对专传的材料组织方法也有自己的主张。他认为,面对大量的材料在做选择时不应以作者个人喜好为标准,而是要使材料有助于体现传主的命运成因和生命轨迹。此外,组织材料时,除了尊重时间先后次序,还应该注意保持传主形象的完整性。梁启超论及自己所设想的传记形式时,他这样说:"我的理想专传,是以一个伟大人物对于时代有特殊关系者为中心,将周围关系事实归纳其中,横的竖的,网络无遗。"②梁启超对于材料的选择和组织方法对于现代传记创作有着极大的参考价值。最后,梁启超在其传记创作实践基础上构筑了传记的美学观念。他提出传记是一种文学创作,应寄托传记作者的审美理想和审美趣味,使传记作品

---

① 陈兰村主编《中国传记文学发展史》,北京:语文出版社,2012 年,第 395 页。
② 转引自陈兰村主编《中国传记文学发展史》,北京:语文出版社,2012 年,第 413 页。

摆脱枯燥的、单纯纪实的模式,将人物记录与文字之美相结合,在纪实的基础上使其成为具有美学价值的文学作品。总之,梁启超作为清末中西文化交汇时期的代表人物,在传记创作和批评理论方面做了大量的思考与研究,为后世将传记创作发扬光大做出了不可磨灭的贡献。

至辛亥革命时期,中国的传记文学创作继续发展,并形成了 20 世纪中国传记创作的第一个高潮期。辛亥革命前后传记文学的最典型特征就是爱国主义性质。在这一时期,传记文学与其他形式的文学创作一样,集中体现了知识分子反帝国主义反封建的政治与思想诉求,因而爱国主义成为传记创作最重要的主题,这一主题的传记作品也在客观上成为宣传辛亥革命民主思想的利器。

辛亥革命前后最重要和具代表性的传记作家有章太炎(章炳麟)、蔡元培等。章太炎的传记文多以辛亥革命志士为传主,如《邹容传》和《徐锡麟、陈伯平、马宗汉传》等。这些传文内容充实,所选事迹集中在几位传主的革命事业方面,凸显了他们革命斗士的形象;而且章太炎本人亲历辛亥革命,与这几位传主多有交往,因而他常常采取第一人称,以见证人的身份进行叙事,更显事件真实可信。此外,章太炎在传文中融入了他本人对传主的敬佩和同情,使得作品充满充沛的情感和动人心魄的力量。蔡元培所撰写的传文一部分以辛亥革命斗士为记录对象,如《徐锡麟墓表》和《杨笃生先生蹈海记》等;另一部分以他自己的亲友为传主,如《悼夫人王昭文》。蔡元培所撰写的亲友题材传记文真实生动、情真意切,令人印象深刻。《悼夫人王昭文》除记录他亡妻生平,更直接表达了他对妻子的深切思念,表达了无限叹惋的深情。

中国近代传记文学创作和传记批评理论的发展带有显著的时代特征,因而这一时期所出现的传记作品有诸多共性。首先,在传记创作理念方面,这一阶段的传记作家在继承了传统传记创作的部分理念的基础上,认同和接纳资产阶级民主思想,并将之融入作品;其次,在选题方面,传记文常常紧密结合时代背景,凸显抵抗外侮的爱国主义精神,以及反帝反封建的思想诉求;最后,在传记作品的结构和叙述手法方面,开始借鉴西方传记创作的某些方式方法,使得中国的传记文学创作开始向着现代传记创作转变,并具备了现代传记的一些特征。

(三)现当代传记文学与批评理论概述

五四运动是一场思想解放运动,同时也是一场新文化的推广运动。在这一时期,西方文化在中国比近代有了更为广泛快速的传播,文学创作整体体现了对封建传统的否定以及对人性的肯定和张扬。一大批西方传记名作以及传记理论的著作被翻译成中文引进中国学者的视野。借着这股势头,中国现代传纪文学创作和传记批评理论有了质的飞跃。

五四之后,在18世纪法国作家卢梭的自传《忏悔录》的影响与启发下,众多文人开始撰写自传,自传创作取得了丰硕成果。作者们本着自我表达、自我宣泄和自我总结的初衷奉献了诸多自传精品,其中最具代表性的有《四十自述》(胡适),《达夫日记》和《日记九种》(郁达夫),《从文自传》(沈从文),《两地书》(鲁迅、许广平),《沫若自传》(郭沫若)等。这些自传作品在结构形式(日记体和书信体)、写作手法方面都大胆借鉴了西方自传的部分创作理念。鉴于本书的研究范畴主要是他传,故而对自传不做详细分析。

新文化运动之后现代传记中的他传创作同样蓬勃发展。在传主选择方面,首先有中国历史人物,如吴晗所著《朱元璋传》,朱东润所著《张居正大传》,闻一多撰写的《杜甫》;其次是中国现代人物传记,如胡适所著《丁文江的传记》和《李超传》,前者记录中国现代著名地质学家丁文江,后者则以当时北京的一名普通女大学生为传主;最后,这一时期还出现了大量以外国文人或中国现代文人与艺术家为记录对象的传记文。最后这一类作品具有相对典型的传记批评性质。其中,郁达夫的创作成果最为丰硕,他笔下记录的外国文人有托尔斯泰、尼采、卢梭、萧伯纳、屠格涅夫等,中国文人与画家有郭沫若、徐志摩、刘开渠、鲁迅、徐悲鸿、刘海粟等。郁达夫为上述外国文人撰写传记是出于对他们的倾佩与仰慕,意图通过传记的形式让当时的中国读者了解他们的生平与文学成就。郁达夫对于同时代中国文人的记录以跟这些传主的交往经历为基础,进行片断式的回忆,因而夹杂了颇多郁达夫的个人感受。郁达夫的文人传记具有较强烈的传记批评意识,通过写其人实现对其文的理解。

现代传记文学关于他传的创作有两个倾向。一方面,他传创作更加重视凸显传主的"主体性",宣传人性的解放,进而挖掘特定时期特定群体的人性和国民性。例如,胡适的《李超传》和《丁文江的传记》两部作品在创作方法上"旨在通过对传主个人经历的思考,来重塑中国人的人性意识,批判封建文化的压抑性,前者是对被压抑和被损害者的深切同情,后者是对理想人性的写照,但最终归于对'个人主体'的肯定"①。又如,沈从文撰写的《记丁玲》,该作同样重视挖掘传主作为个人主体最具人性化的特点。另一方面,他传创作开始以建构民族群体精神为目标,树立民族群体精神的典型代表。这类创作的代表作品有丁玲的《彭德怀速写》、沙汀的《随军散记》、陈荒煤的《一个农民的道路》等。

　　传记创作理论在这一时期发展迅猛,出现了诸多学者名家,如孙毓棠、胡适、陈西滢、郁达夫、朱东润等。在近代传记文学史上,梁启超为传记创作理论的体系化做了大量基础工作,现代传记创作理论本着洋为中用、夯实传统的原则继续进行细化和系统化。在这一时期的学者中,朱东润对现代传记文学理论有颇多贡献。朱东润本人受西方传记理论影响颇深,对英国传记文学的研究最多。他在大量阅读文献资料,并与中国传记文学发展进行对比研究之后,撰写了《中国传叙文学底进展》等论文,以及著述《八代传叙文学述论》。他对传记创作有着鲜明的立场和观点。首先,他认为传记文学应该是介于文学与史学之间的艺术形式,因此不但应该具有史料的真实性,同时还应具有文学的艺术特质。在对传主的刻画方面,在准确把握传主的主要性格命运的基础上,应该多角度多层次地呈现传主作为生命个体的人格丰富性,忌讳直奔主题,平铺直叙。只有这样,才能使传记作品具有艺术性和生命力。

　　我国现代传记批评理论建构的时间并不长,传记作家、批评家李长之(1910—1978)是这一批评流派的奠基者。20世纪中叶,李长之与周作人、朱光潜、朱自清、李健吾并列为中国现代五大文学批评家,其人以"传记批评"见长。李长之重视西方文艺理论对于本国文艺批评的借鉴作用,他指出,中国传统的文学评论常常是诗话、札记、校正等即兴式的创作形式,缺乏系统科学的理论体系的支撑。即使是对文学家的评述,也是以人生经历和成就为主,较少对其生命价值观和精神境界等的抽象论述,因而造成了批评的死板僵化。李长之试图通过对传记批评的改革,为中国文学批评领域建立一种完备的著述体系。他先后以十多位中国文学家作为批评对象,研究他们的生活成长史、思想经历、性格心态等,并进一步结合他们各自的文学创作和作品,以传记的形

---

　　①　陈兰村主编:《中国传记文学发展史》,北京:语文出版社,2012年,第456页。

式分析他们各自在文学史上的地位和价值。他先后著有《王国维文艺著作批判》(1934)、《鲁迅批判》(1936)、《道教徒的诗人李白及其痛苦》(1940)、《司马迁之人格与风格》(1948)等作品,为中国现代传记批评提供了方式方法的范本。随着马克思主义方法论在我国的深入传播,传记批评也开始重视社会变革与阶级斗争对于作家人格精神的影响。20世纪后半期开始出现较多研究作家及其作品的研究成果,常见的手法是通过综合分析作家的人格精神、政治立场等来判定其作品的价值及其在文学史上的地位。改革开放之后,当代的中国传记批评开始受到弗洛伊德学说的影响,对于被压抑的性冲动和童年情结的挖掘,为读者理解作家与作品提供了新的视角。如博野撰写的《谈〈男人的一半是女人〉的得与失》,探讨了张贤亮本人的人生经历对他创作的影响。

1949年中华人民共和国成立之后的传记创作和传记理论研究蓬勃发展。20世纪80年代之前的传记创作以记录英雄和革命生涯为主题的作品居多,如《刘胡兰小传》(梁星)、《把一切献给党》(吴运铎)、《方志敏战斗的一生》(缪敏)。从1976年到20世纪80年代中期的十余年间,传记热潮开始显现。这一时期的传主更为多样化,有我国现当代的政治人物和政治领袖,如孙中山、毛泽东、周恩来等,也颇多作家、艺术家和知名学者。书写前者的作品的最大特色是使传主走下神坛,从人性化的层面对他们的生平和成就进行总结,且叙述手法更具故事性,颇受读者好评,如庞瑞垠创作的《早年周恩来》就是这类作品的代表。传主为后者的作品,其作者主要为传主的研究专家,他们考证并掌握了大量有关传主生平的文献资料,因此创作出的传记真实可信,不但展现了这些传主的生命轨迹,也体现了他们在写作、艺术创作或科学研究之外的人格魅力。其中某些传主研究形成了一种特有的文化现象,以现代女性作家研究为例,围绕冰心、张爱玲、萧红等展开的研究成果数量可观。此外,历史人物依然是现代传记创作的重要主题之一。随着时代的发展,围绕历史人物所展开的史料研究不断补充新的知识和新的方法,传记文学创作紧紧扣住了时代的脉搏,将曾经已有定论的历史人物重新纳入创作主题,如《司马光传》(宋衍申)、《唐明皇传》(袁英光、王界云)等。最后,现代传记的记录对象也不乏本土影视明星、企业家和西方名人,这类传记能充分体现"传记热"的现象。现代传记热往往伴随着商业需求,有些作品编造传主事迹,失去传记最为宝贵的真实性;也有一些作品写作手法欠佳,或平淡无奇,或夸大其词,令作品失去了文学性。

20 世纪末以及进入 21 世纪以来，当代传记创作的热度并未消退，并且朝着理性、多元化的创作方向前进。1991 年成立的中国传记文学学会创立了优秀传记文学奖，每一届评奖活动都发掘了诸多当代优秀的传记作家和传记作品。文人传记的书写活动方兴未艾，为传记批评的开展提供了良好基础。其中，有文学评论家以传记创作实践为基础所进行的作家研究，如韩石山著有《李健吾传》、《寻访林徽因》和《徐志摩传》等，称得上是以传记研究作家的典范。韩石山重视第一手资料的收集，重视"寓韵事于史实之中"，[①]这对我们了解上述作家生平与其创作之间的关系有莫大启发。也有学者对某一时期某些作家传记进行了回顾式研究，如朱旭晨撰写的《秋水斜阳芳菲度——中国现代女作家传记研究》，对有关丁玲、萧红、张爱玲、谢冰莹和梅娘等五位女作家的传记作品进行了回顾梳理和分析，总结了关于上述女作家传记写作的一些共性和差异。

对中国历代传记创作历史进行梳理的著述和编著也不在少数，如陈兰村的《中国传记文学发展史》、韩兆琦的《中国传记文学史》、杨正润的《传记文学史纲》、寒山碧的《香港传记文学发展史》、郑尊仁的《台湾当代传记文学研究》、全展的《中国当代传记文学概观》、郭久麟的《中国二十世纪传记文学史》、辜也平的《中国现代传记文学史论》、李健的《中国新时期传记文学研究》、叶志良的《现代中国传记写作的历史与叙事》等。这些著作多角度、多层次地对中国传记史的发展进行总结性研究，补充了传记领域一直以来急需完成的研究工作，为后续更系统的理论研究奠定了坚实的基础。

现当代传记理论研究有了重大发展，出现了一批有很高学术素养和理论造诣的学者。他们从各个方面对中外传记理论进行了深入研究。其中，杨正润的《现代传记学》借鉴了 20 世纪西方传记理论，并总结了中国传记和西方传记的写作经验，为研究者提供了有关传记创作的宏观知识基础；赵白生的《传记文学理论》是一部贯通中西传记理论之作，探讨了传记文学的事实理论、虚构现象、结构原理、阐释策略以及经典诉求等问题，为当代传记研究提供了丰富的理论基础；王成军撰写的《传记诗学》探讨了中西方传记诗学的诸多理论问题，对传记诗学的理论建构有着重要的启迪作用。这一时期，精神分析与传

---

① 赵白生：《传记文学理论》，北京：北京大学出版社，2003 年，第 222 页。

记创作之间关联性的研究在我国也有深入发展,代表性论著是赵山奎的《精神分析与西方现代传记》。该书探讨了 20 世纪精神分析与传记创作相遇之后的融合过程,精神分析对传记真实性的影响,以及传记创作中的移情现象和传记伦理等问题。

此外,与传记相关的跨学科研究对传记理论的拓展也有较大启发。如心理传记学研究在我国得到了推广,由学者郑剑虹带领的团队发表了一系列研究成果。该学科主张通过收集整理传主生平资料,重构其生命轨迹,进而达到对传主作为生命个体的独特性与差异性的深度理解。

第二节　萨特传记批评理论的借鉴功能

一、萨特传记批评理论用于中国传记创作与传记批评的可能性

在对中国传记创作与传记批评理论发展历史进行简要概括和梳理的过程中,笔者认识到中国传记创作历史悠久,历代积累了丰硕的成果,在世界传记文学史上有着不可忽视的重要地位。那么萨特传记批评理论对中国传记文学的发展有何帮助? 这个问题可以从以下四方面来回答:

首先,当代中国文人传记创作日益成为一股潮流,对新理论新方法有强烈需求,这是萨特理论有可能在中国进行实践的现实基础。中国文人传记创作历史悠久,汉代司马迁的《史记》中有《屈原列传》等文人传记;近代有严复所作外国文人传系列,如《孟德斯鸠列传》;现当代的文人传记作品更为丰富,郁达夫曾记录了多位中外文人的生平与文学成就,众多现代文学家成为传记作家笔下的传主,如鲁迅、丁玲、郭沫若、茅盾、巴金、老舍、冰心、曹禺、张爱玲等。当代中国的文人传记写作和出版渐成规模,一系列文人传记丛书的问世即是证明。"中国现代作家传记丛书"从 1981 年出版至今,已推出 20 余部作品。这套丛书在对传主的选择和创作特点上,"强调把个人置身于时代的大背景中书写。作者既描述了传主对人生、对世界的思索和追求,对事业、对创作的一

往情深,对婚姻、对家庭的态度观念。同时又分析评述了传主性格和创作风格形成的背景,以及时代环境对传主的影响,由此反映五四以后中国社会的整体面貌"①。这套丛书出版之后受到了读者群体和批评界的广泛好评。同时也说明在传记文学领域,文人传记的创作热潮是大势所趋。以文人为传主的传记书写一方面迎合了读者和市场需求,另一方面有助于针对作家的学术研究进行更深层次的探索,以及文学批评的多元化发展。从这个层面来看,当代中国文人传记创作的旺盛势头为萨特理论的实践提供了良好土壤。

其次,中国当代传记作家普遍具有强烈的创新意识,他们勤于思考如何对传统写作经验进行改良和完善,因而需要不断借鉴新理论新方法。历代积累的丰富的传记创作经验给当代传记创作提供了创新的基础和起点。当代传记逐渐摒弃了传统的编年体单一叙事方式,转而探索更多元的叙述手法和叙事技巧,赋予传记作品更多的文学特质。有的传记作品以传主与他人之间的关系为线索贯穿行文始终,突显传主的心理成长过程,此类作品有丁言昭撰写的《在男人的世界里——丁玲传》、曾智中撰写的《三人行——鲁迅与许广平、朱安》;还有一些作品的结构呈现为对话形式或小说化的形式,前者如吴福辉的《沙汀传》,后者如陈平的《鲁迅》。心理分析也越来越多地被用于传记创作,如王晓明的《无法直面的人生——鲁迅传》。此外,"评传"逐渐成为当代文人传记创作的主流之一,并且多以系列丛书的形式出现,如 1985 年由花山文艺出版社出版的"中国现代作家评传丛书",1996 年由南京出版社推出的"中国近现代通俗作家评传丛书",以及 2005 年由郑州大学出版社出版的"中国当代作家评传丛书"。这些评传与以往的文人传记相比,叙事中更加注重结合传主的文学活动,即不但记录传主的人生也记录他们的文学成就,对于理解传主的创作动机和作品具有良好的启迪作用。当代文人传记的创新需要补充新的理论方法,这也给萨特传记批评理论在中国传记创作领域提供了实验的机会。

再次,当代中国文人传记日益强调作者对传主的共情意识,这一诉求和萨特传记批评理论的本质一致。传记作品能否具有动人心魄的力量取决于传记作者是否将自己代入传主的情感和体验之中,共情意识几乎是所有优秀传记作品的共性。司马迁撰写《屈原列传》时言读屈原作品"悲其志",在汨罗江边

---

① 　许菁频:《近二十年中国文化名人传记丛书述评》,《文艺评论》1998 年第 5 期。

想到屈原"未尝不垂涕"，体现了司马迁对屈原深刻的理解和共情。《鲁迅：20世纪文学泰斗》的作者晏红在后记中写道："鲁迅是我最挚爱的作家，面对他一生所经历的深重苦难，我心里亦不能不充盈着痛苦。或许正因为此，本书写完后，我却感受不到丝毫的轻松与愉悦。鲁迅对我的困惑与诱惑并没有随着此书的完成而结束，我不能不在今后的生命中继续感受鲁迅的苦难。"①谢有顺评价其主编的"中国当代作家评传丛书"："既是和传主的人生、灵魂对话，又是具有独特发现的研究论著。"②足可见，当代传记作品都更加重视传记作家与传主之间的情感联系。萨特主张在考证个体生命轨迹时要对其进行"情感同化"也即"共情"。传主既是客体，同时也是主体，与作者具有同等地位。因此，传记作家对传主的研究也是两个主体之间的对话。

最后，心理分析日益成为中国当代传记创作的一条路径，但在实践中依然存在不少问题，而萨特的存在主义精神分析有可能提供一种解决方案。中国当代不少传记作品采用了心理分析的形式，但是具体模式始终局限于作者依据个体经验对传主生平各事件的简单诠释，并以此为依据归纳总结出一种逻辑关联。这一现象和习惯由来已久，以现代传记作家、批评家李长之为例，他的传记批评作品最具特色之处是通过传主的文学作品研究传主，并从传主的经历推演其创作习惯和创作动机等。比如，李长之观察到鲁迅的作品中有大量表示转折的关联词，究其原因"是因为他思想过于多，非这样，就派遣不开的缘故"③。又例如，李长之认为鲁迅不善于写小说跟他的性格有很大关系，他这样解释："长于写小说的人，往往在社会上是十分活动的，十分适应，十分圆通的人，虽然他内心里须仍有一种倔强的寂感在。鲁迅不然，用我们用过的说法，他对于人生，是太迫切，太贴近了，他没有那么从容，他一不耐，就愤然而去了，或者躲起来，这都不便利于一个人写小说。宴会就加以拒绝，群集里就坐不久，这尤其不是小说家的风度。"④这两处对鲁迅写作风格以及写作习惯的诠释，出于李长之本人的经验，缺乏考据以及材料的支撑。这部《鲁迅批判》最初发表于 1935 年，尽管这之后中国现代和当代传记创作与传记批评在理论运

---

① 晏红：《鲁迅：20 世纪文学泰斗》，成都：四川人民出版社，2005 年，第 375 页。
② 谢有顺：《铁凝评传·总序》，郑州：郑州大学出版社，2005 年，第 3 页。
③ 李长之：《鲁迅批判》，北京：北京出版社，2003 年，第 133 页。
④ 李长之：《鲁迅批判》，北京：北京出版社，2003 年，第 142 页。

用上有了许多进步,然而简单诠释的问题始终未能消除。

此外,纵观近年的传记创作,弗洛伊德学派的精神分析方法始终未能真正运用于传记创作和批评当中,也即心理分析并不等于精神分析。主要有两方面原因,一方面,我国当代传记作家和批评家尚没有掌握传统精神分析的理论方法。弗洛伊德学派精神分析是一套完整的理论体系,最初用于精神疾病的治疗,后来成为文学批评的一种手段。西方批评界使用传统精神分析理论的学者一般接受过系统训练,熟悉操作流程,对于各种概念如"力比多"、"无意识"、"情结"、"自我"和"超我"等概念和术语的运用得心应手。相比之下,我国传记作家往往以文学创作为主业,而了解精神分析理论的学者又不长于文学创作,导致目前极少有传记作品真正使用传统精神分析方法。另一方面,传统精神分析学的一些理论方法虽然有较强的论证效果,但是较难适应中国文化水土,部分概念属于禁忌话题,如"性本能""恋母情结""恋父情结"等。这些概念有违中国传统人伦道德观念,兼之我国传统的传记创作秉持的是弃恶扬善的思想教化功能,传记作家常有"为传主讳"的心理,因而以塑造传主正面形象为己任,不利于传主的事件真相尽量避而不谈。如果传主尚且在世,那么对传记作者而言难度更大,禁忌更多。萨特建构的存在主义精神分析学说与传统精神分析理论之间有显著差别,萨特理论并不强调性本能或无意识,而是侧重从传主的童年经历中寻找其遭遇的原始危机以及自我设定的原始谋划,进而揭示传主的命运成因。从这个层面来看,中国传记作家更有可能采纳萨特的理论方法进行写作创新的尝试。

二、萨特理论框架下的萧红研究初探

基于萨特传记批评理论具有现实可操作性这一前提,本节将以中国现代派女作家萧红为例,参照萨特的三部作家研究作品,尝试架构萨特式的萧红研究框架,从总体上论证对萧红进行存在主义精神分析的合理性与有效性。本书重点从萧红的原始危机与原始谋划入手,讨论萧红命运的成因,以及她与写作之间的关系。

(一)为什么选择萧红

萧红(1911—1942)作为极具代表性的中国现代派女作家,不但一直是中国现代派文学的研究热点,也是中国现当代文人传记创作的热点。骆宾基撰写的《萧红小传》作为第一部萧红传记于 1947 年出版,之后以萧红为传主的传记作品络绎不绝问世,其中包括外国作家撰写的各类萧红传记,如美国汉学家葛浩文(Howard Goldblatt)创作的《萧红评传》(1985)和萧红新传(1989)以及日本学者平石淑子撰写的《萧红传》(2017)。2021 年 4 月季红真撰写的《萧红大传》出版,这是最新出版的一部萧红传记。而在此之前,季红真早已出版了《萧红传》(2000)。此后她又对该作进行大规模修改,继而出版了《呼兰河的女儿——萧红全传》(2011)。据有关统计,"70 余年间诞生成书意义上的各式'萧红传'共计 110 余种(含自传和他传)"①。这个数据足以证明萧红传记书写早已成为中国现当代作家研究的一个特殊现象。

在中国作家撰写的所有他传类萧红传记中,骆宾基的《萧红小传》具有不可撼动的地位。骆宾基作为萧红的友人,同时也是萧红生命最后时光的见证者,他掌握了大量第一手资料,因此这部传记具有极高的史料价值。除此之外,骆宾基同为作家身份,他抱着对萧红的深刻理解与同情创作出的这部传记具有极高的文学价值。基于这些原因,此作被之后的萧红研究者和萧红传记作家多次援引。

季红真作为屡次撰写萧红传的作家,她在收集和整理萧红史料方面做了大量工作,她撰写的萧红传也经过了数次修订和再版。此外,季红真身为女性作家,情感丰富细腻,常以共情的角度讲述萧红故事,因此她笔下的萧红更显有血有肉、深刻动人。

21 世纪以来,萧红传记创作向着更为多元化和学术化的方向发展,其中林贤治创作的《漂泊者萧红》(2009)与叶君撰写的《从异乡到异乡:萧红传》(2009)最为突出。林版萧红传以诗性的语言向传主致敬,如作者在后记中所写:"萧红是诗人,因此传记的语言也较为随意、自由,我希望能从中敷布出一种近于诗性的风格。"②叶版萧红传则秉承无限接近真实的理念,尤其针对有争议的事件进行多方援引反复论证,尽可能将萧红还原为大时代里的一个普

---

① 张立群,闫冬妮:《"萧红传"的文献史料问题论析:以类型化和历史化为线索》,《南都学坛(人文社会科学学报)》2019 年第 6 期。

② 林贤治:《漂泊者萧红》,北京:人民文学出版社,2009 年,第 299 页。

通女性,体现了作者身为传记作家尊重真实的创作自觉性。

萧红传记创作"在进入 21 世纪第一个十年之后数量激增,呈现明显的消费性特征,且至今仍保有持续增长的态势"①。事实上,萧红不是唯一一位备受瞩目的传主,如张爱玲、林徽因、徐志摩等现代作家均名列最受欢迎的传主榜单。产生这一现象的原因比较直接,主要因为有关上述几位作家生平,特别是有关他们爱情婚姻生活的讲述迎合了公众的兴趣,因而格外受出版业和传播业关注,也直接或间接地激发了传记作家群体的创作热情。此外,两部以萧红为题材的电影②分别于 2013 年和 2014 年在我国上映,证明"萧红热"正在从文学向影视等其他文艺领域蔓延。对于围绕萧红展开的创作热度,评论界发出一些质疑的声音,如批判消费萧红是文化的媚俗。但是萧红传记创作为中国现代派文学研究和中国现代派作家研究所做的贡献不容置疑,尤其在史料积累方面,相当多学者认为萧红传记作品是现代文学的文献史料,具有史料的一般特性。这些文献资料大多数属于萧红本人在作品中有过记录,或经其亲友等见证人认可的;也有些资料尚未得到完全证实,如萧红未婚夫的下落、萧红在香港看病的经过以及萧红骨灰的下落等,有待进一步考证。

面对百余部萧红传记,以及对"萧红热"的质疑,对于萧红生平的研究是否应该就此止步呢? 对于本书来说,这些问题既是警示也是契机。一方面,现有的萧红传记作品在现实上为研究萧红提供了充分的史料积累,也即今后的研究有了丰富的材料基础;另一方面,前人的充分挖掘和积累,同时意味着萧红传记创作的余量有限,必须要找到新的突破口,做前人未做之事,今后的萧红传记创作才能更凸显意义。

本书选择萧红作为分析对象,最重要的原因是在中国所有现当代作家中,萧红最为适合。萨特选择的三位研究对象(波德莱尔、福楼拜和热内)具有两个最基本的共同点,那就是他们都是才华横溢的作家,以及他们都经历过为世人不容的悲剧命运。这两个特点同样属于萧红。此外,她与波德莱尔、福楼拜一样,在某种程度上疏远了自己原属的社会阶层。按照萨特关于"存在先于本

---

① 张立群,闫冬妮:《"萧红传"的文献史料问题论析:以类型化和历史化为线索》,《南都学坛(人文社会科学学报)》2019 年第 6 期。

② 这两部电影分别是 2013 年由霍建起导演的《萧红》,以及 2014 年由许鞍华导演的《黄金时代》。

质"的理论主张,萧红的命运轨迹是她进行自我塑造的过程。萧红31岁辞世,对于作家来说,这个年龄本该是创作逐渐走向巅峰的时候。世人为她英年早逝惋惜之余,往往把她的悲剧归咎于她所生活的时代压抑人性,尤其对女性不公;又或者认为是萧红的个性导致了她苦难的一生。萨特反对把所有问题归于一个大而笼统的时代,或性格决定一切的简单推理。因此,研究者需要找出萧红个体生命异于他人的特殊性所在,借助渐进—逆退的方法回到萧红的童年,找到她生命中的原始危机,以及伴随而来的原始谋划。

(二)萧红童年与她的命运轨迹

童年是人生的起点,无论是弗洛伊德还是萨特都重视研究人的童年,现有的萧红传记基本也都是从童年写起的。"萧红写自传体长篇小说《呼兰河传》,写过大量回忆性散文,但并未写过标准意义上的'自传'。"①因此《呼兰河传》成为所有萧红传记的作者和萧红研究者绕不开的作品。

萨特在晚年撰写了自传体小说《词语》,讲述自己的童年以及与文字结缘的过程。萧红早逝,但是《呼兰河传》也是在她生命的最后阶段完成的。1938年9月,萧红在重庆北碚开始动笔创作《呼兰河传》,1940年12月她在香港完成这部书的书稿。《呼兰河传》于1942年初萧红逝世前夕在桂林出版,所以此书算是萧红最后的著作。萧红在这本书里讲述童年时代她的家乡,她的家庭,她周围的人,她周围的事,以及她如何开始接受文字启蒙。此外,《呼兰河传》的文体与《词语》一样,都是自传体小说。对于质疑这部作品自传性质的声音,茅盾在给《呼兰河传》做的序言中给予了回应,他说:"也许又有人觉得《呼兰河传》好像是自传,却又不完全像自传。但是我却觉得正因其不完全像自传,所以更好,更有意义。"②茅盾的解释是,一个人回忆遥远的童年往事,势必有一些信息是被遗忘的又或者张冠李戴的;但是在萧红的笔下,她写下了她理解的真实,这些"真实"是否符合事实真相已经不那么重要,重要的是这本书记录了萧红的心路历程,是她历尽沧桑、辞世之前对她生命最初的那段经历的理解,以及她的童年与命运之间的因果关联。因此,《呼兰河传》对研究萧红有着重

---

① 张立群,闫冬妮:《"萧红传"的文献史料问题论析:以类型化和历史化为线索》,《南都学坛(人文社会科学学报)》2019年第6期。

② 茅盾:《呼兰河传·序》,北京:人民文学出版社,2018年,第9页。

要的参考价值。本书也将《呼兰河传》作为最重要的研究素材。另外,涉及萧红生平事件及其时间的信息,鉴于季红真的《萧红大传》在史料考证方面的准确性与全面性,故而本书主要参考该部著作。

1.萧红的原始危机与原始谋划

萧红的原始危机与她的家庭密切相关。萧红于1930年逃离家庭,和友人李君一起前往北平求学,这是萧红第一次真正意义上脱离家庭。这次出走的直接原因是逃婚。1929年1月,萧红之父为她订了亲,未婚夫汪恩甲出身当地富商地主之家,两家称得上门当户对。但是随着二人交往了解逐渐加深,萧红对汪恩甲的纨绔作风开始不满,后来萌生退婚的念头,然而这又是绝无可能的。在这种情势下,萧红第一次出走北平。

逃婚对于萧红来说只是一个导火索,她跟家庭之间的罅隙在这之前就已存在。萧红出生于呼兰河一个庞大的地主乡绅家族,这个家族在呼兰河生活了好几代,在当地颇有声望。萧红的祖父家里没有男丁,从亲兄弟那里过继了一个男孩继承家业,即萧红的父亲张廷举。萧红是他们这支的第一个孙辈,但因为是不能传宗接代的女孩儿,所以家里略感失望。不过萧红到底是地主家的大小姐,因此并不影响她在家里备受宠爱,这份爱主要是来自她的祖父张维祯。萧红在《呼兰河传》里对家人的描述中,对其祖父用的笔墨最多。老祖父带着她读《千家诗》,陪她在后园子里玩耍,在严厉的老伴面前替孙女打掩护。在这个寂寥的家里,祖孙俩相互陪伴。她写道:"幸好我长大了,我三岁了。不然祖父该多寂寞。我会走了,我会跑了。我走不动的时候,祖父就抱着我,我走动了,祖父就拉着我。一天到晚,门里门外,寸步不离。"[1]

除了祖父,童年的萧红几乎没有别的亲人陪伴。萧红写道:"等我生来了,第一给了祖父的无限的欢喜,等我长大了,祖父非常的爱我。使我觉得在这世界上,有了祖父就够了,还怕什么呢?虽然父亲的冷淡,母亲的恶言恶色,和祖母的用针刺我手指的这些事,都觉得算不了什么。"[2]萧红和她母亲之间是疏离的。她的母亲姜玉兰出身于书香门第,通文墨会理家,但终究是一个旧时代的女性。姜玉兰重男轻女,生下萧红之后接连又生育了三个男孩,其中一个早

---

[1] 萧红:《呼兰河传》,北京:人民文学出版社,2018年,第57页。
[2] 萧红:《呼兰河传》,北京:人民文学出版社,2018年,第65页。

夭。在连续的生产和抚育新生命的过程中,姜玉兰几乎没有时间和精力陪伴女儿,而且她的身体也被彻底拖垮,终于在萧红九岁那年病逝。

萧红跟她的父亲也是疏离的。萧红年幼时,张廷举大部分时间在外工作,并没有时间陪伴她,因此父亲在萧红的日常生活中常常缺席。父女之间有限的相处留给萧红的全然是一个冷漠无情的父亲形象。萧红在《永久的憧憬和追求》里这样形容她的父亲:"父亲常常为着贪婪而失掉了人性。他对待仆人,对待自己的儿女,以及对待我的祖父都是同样的吝啬而疏远,甚至于无情。"①父权的威压无处不在。父亲给她定的亲事不容她反抗,她反抗的后果就是被父亲断了经济来源,这是封建大家庭用来规训子女最常用的伎俩。

萧红跟祖母的关系同样是疏离的。萧红的祖母是一个非常能干的老妇人,她为人强势而严厉,她在世时家中里里外外都由她做主。据后来的见证人讲述,萧红的祖母对她也是疼爱的,但这疼爱里面包含着很多要求和规矩。萧红对祖母最深刻的记忆是祖母拿着大针扎她手指作为对她淘气的惩罚。自从第一次被扎,萧红就说:"从此,我就记住了,我不喜她。"②

对于萧红被祖母扎手指这件事,季红真认为这是萧红最早的心理创伤③。这个观点有待商榷。在精神病学上,"心理创伤特指一定时空内非同寻常的外界危害对人的心理状态所造成的负性影响"④。在这个概念里,心理创伤首先需要满足"非同寻常的外界伤害"这一条件。此处的外界伤害,常常是指对安全产生威胁的事件,如严重的自然灾害、事故灾难、职业病等,或突发性重大公共卫生事件与社会安全事件,以及个人重大物质损失或亲属、朋友和同事等的重大伤亡或物质损失等,进而使人产生"紧张、恐惧、焦虑、伤心、痛苦或抑郁等异常,甚至危及人的生命健康的心理状态"⑤。显然,"扎手指"并不符合"非同寻常"这一条件,充其量只能算作对萧红产生负面影响的惩罚事件。祖母扎孙女手指这一行为延续了中国几千年在孩童教育方面的旧模式,即孩子做错事要接受惩罚,让孩子通过肉体疼痛加深惩罚记忆,进而达到戒除坏习惯的目

---

① 萧红:《呼兰河传·附录一》,北京:人民文学出版社,2018 年,第 187 页。
② 萧红:《呼兰河传》,北京:人民文学出版社,2018 年,第 57 页。
③ 参见季红真:《萧红大传》,北京:人民文学出版社,2021 年,第 27 页。
④ 吴超,王秉:《心理创伤评估学的创建研究》,《中国安全生产科学技术》2016 年第 8 期。
⑤ 吴超,王秉:《心理创伤评估学的创建研究》,《中国安全生产科学技术》2016 年第 8 期。

的。童年萧红常常目睹这类假借"为你好"的名义实施的肉体伤害,团圆媳妇被折磨致死是此类型教育的极端案例。

萨特所定义的原始危机与心理创伤有一定的重叠。原始危机一定是指外界伤害,但是原始危机并不一定是威胁人身安全的事件,也并不强调事件在通常意义上的严重程度,即原始危机并不一定是通常意义上的重大伤害。比如,对波德莱尔来说原始危机是他母亲的再婚,福楼拜的原始危机是阅读障碍症,热内的原始危机是父母发现了他的偷盗行为。这些事情都不是通常意义上的重大伤害,但对这三位作家的人生产生了决定性的影响。那么萧红人生的原始危机是什么?

萧红在《呼兰河传》里先后提到了很多次死亡,有她的亲人,也有租住她家房子的底层劳动者。萧红七岁那年祖母重病,没多久就过世了,而这时萧红对死亡还是懵懂无知的。她写到家里来了很多亲戚奔丧吊唁,灵棚里人来人往,哭声终日不绝。家里又请了道士和尚来做法事,面对这非比寻常的热闹场面,她说:"我也觉得好玩,所以就特别高兴起来。又加上从前我没有小同伴,而现在有了。比我大的,比我小的,共有四五个。我们上树爬墙,几乎连房顶也要上去了。"①而更多其他人的死亡,比如小团圆媳妇或冯歪嘴子的女人,在呼兰河就更加稀松平常,掀不起任何波澜。"生,老,病,死,都没什么表示。生了就任其自然地长去,长大就长大,长不大也就算了。"②呼兰河的人们尽力挽留生病的亲人,跳大神请郎中无所不用其极;当亲人死了,势必要痛哭流涕,"哭了一朝或是三日,就总得到城外去,挖一个坑把这人埋起来"③。此后,活着的人照旧过着日子,死掉的亲人成了风俗里的符号,清明节或中元节时受家人缅怀。

萧红九岁时,她母亲的死亡撕开了她生命中的第一道裂痕,她终于悟到了死亡意味着什么。她在《感情的碎片》中回忆母亲去世的情景,她站在母亲的病床前,猜想母亲就要没有了。母亲短暂清醒的时候对着她流泪,她也感到一阵莫名的伤心。她为了掩饰情绪走到房后摆着花盆的木架旁边,从衣袋里取

---

① 萧红:《呼兰河传》,北京:人民文学出版社,2018年,第71页。
② 萧红:《呼兰河传》,北京:人民文学出版社,2018年,第19页。
③ 萧红:《呼兰河传》,北京:人民文学出版社,2018年,第20页。

出母亲给她买的小洋刀,自语道:"小洋刀丢了就从此没有了吧?"①这么想着的时候,她的眼泪流了下来,她第一次意识到死亡意味着永远的分别,再不相见。这是她九岁之前从未思考过的问题。对那时的萧红而言,以前的生活纵然枯燥寂寥,但终于要被母亲的过世彻底终结了,没有了母亲的她终于要长大了。果然,萧红母亲过世之后,她父亲脾气越发暴躁,对她也更加冷漠无情。萧红形容:"每从他身边经过,我就像自己的身上生了针刺一样:他斜视着你,他那高傲的眼光从鼻梁经过嘴角而后向下流着。"②到后来她父亲再娶,父女之间的关系也并没有改善。

至此可以判定,萧红母亲的过世是萧红童年的原始危机。萨特指出,波德莱尔人生中的第一道裂痕是他母亲再嫁,因为这代表着原有完整世界开始崩塌。对萧红来说,母亲正是完整世界的象征物之一,即使这个象征物没有实际用途,但是象征物的存在具有非同一般的意义。萧红写道:"一看到这样的眼睛,又好像回到了母亲死的时候,母亲并不十分爱我,但也总算是母亲。"③萧红的弟弟张秀珂也曾证实丧母给他们姐弟带来的伤痛:"母亲死后,我们的生活虽然没有怎样挨饿受冻,但条件的确是恶化了。失去母爱,无人照顾,给我们的身体和精神造成了很大损失。"④对于萧红来说,母亲的爱无足轻重,但母亲的去世打破了她原有世界的平衡状态。从前她在呼兰河的街头巷陌,以及家中的租户那里,观察人们生存的困窘,以及面对生死的浑沌,那时她是旁观者,是局外人,她观看苦难,然而这苦难与她无关;在她母亲去世之时,她从旁观者变成了亲历者,她也终于要开始经历苦难了。

这个充满规矩和柜柩的家庭冰冷寂寥,她的原始谋划在那时已经确定,那就是坚定地向着温暖和爱出发。她写道:"可是从祖父那里,知道了人生除掉冰冷和憎恶而外,还有温暖和爱。所以我就向这'温暖'和'爱'的方面,怀着永久的憧憬和追求。"⑤在祖父给她的所有爱和陪伴里,祖父带她读书识字,给她

---

① 转引自季红真:《萧红大传》,北京:人民文学出版社,2021年,第51页。
② 萧红:《呼兰河传·附录一》,北京:人民文学出版社,2018年,第187页。
③ 转引自季红真:《萧红大传》,北京:人民文学出版社,2021年,第51页。
④ 张秀珂:《回忆我的姐姐——萧红》,孙茂山主编,《萧红研究:萧红身世考》,哈尔滨:哈尔滨出版社,2003年,第12页。
⑤ 萧红:《呼兰河传·附录一》,北京:人民文学出版社,2018年,第188页。

种下了希望的种子,读书成了后来她挣脱所有束缚的出路。

此后萧红为了读书升学与父亲闹矛盾。1926 年萧红在呼兰河高小毕业。那个年代普通人家的女儿高小毕业就要准备嫁人。如果要读中学就必须去大城市,萧红的父亲坚决反对,一方面他担心萧红出去读书脱离了家庭的控制会读野了心,另一方面去哈尔滨读书费用很高,而张家那时经济能力日渐衰退,她父亲不愿意替她出学费和生活费。萧红跟她父亲多次抗争乃至病倒,最终家里妥协,她考上了哈尔滨的女子中学,实现了继续求学的梦想。

在哈尔滨期间,萧红开阔了视野,参加了哈尔滨的学生爱国运动①,她在思想和行动上都具有更为显著的独立性。1928 年,在她十七岁这年,世上给她温暖的老祖父去世。从此,属于萧红过去的那个旧的世界彻底崩塌。她开始义无反顾地向新的世界和新的生活走去。

2.萧红的自欺

在《呼兰河传》里,萧红是一双观察的眼睛。她看周围的人、周围的事和周围的景。呼兰河很热闹,逢年过节有各种庙会,跳大神、唱秧歌、放河灯、看野台子戏,人来人往;萧红家的院子也热闹,她家的房子租给很多底层人,有赶车的,有开磨坊的,每日里人来人往;萧红家的后园子也是热闹的,那里种着各种各样的植物,开各式花结各种果,萧红形容那是个"热闹闹的后花园"②。呼兰河又是寂寞的,萧红家的院子和后园子也是寂寞的。在呼兰河,苦难是每个人应得的,死亡是每个人的宿命。萧红的朋友抑或读者,都从那看似热闹的文字里读出了寂寞。骆宾基写萧红:"大部分的时间里,是一个人在那荒芜了的草园子内寂寞自遣的。"③茅盾也说:"《呼兰河传》给我们看萧红的童年是寂寞的。"④

萧特在《词语》中充满了自觉的意识,他俯身看向童年的自己,揣摩那个孩子的所思所想,这其中包括了他的自欺,即"我是我所不是"或"我不是我所是",其实质是"为他的存在",也是向着"自在的存在"的努力。萨特同样分析了波德莱尔、福楼拜和热内这三位作家的自欺,其中热内的自欺对于研究萧红

---

① 　这里是指发生在 1928 年 11 月 9 日的"一一·九"反帝护路爱国运动。
② 　萧红:《呼兰河传·附录二》,北京:人民文学出版社,2018 年,第 218 页。
③ 　骆宾基:《呼兰河传·序》,北京:人民文学出版社,2018 年,第 1 页。
④ 　茅盾:《呼兰河传·序》,北京:人民文学出版社,2018 年,第 5 页。

非常有参考意义。萨特认为热内对"恶"的皈依是为了应对他人注视所采取的自欺行为,即"我并不是你们看到的那样,但是我让你们以为我是那样"。

萧红在《呼兰河传》里没有告诉人们童年的她在想些什么,她只是花了童年所有的时间去观察和感知这个世界,然后一夕之间她就成长了,她长成了和她周围的少女完全不一样的样子。在萧红那个时代属于她那个阶层的女子,要么顺从家庭安排嫁人以及相夫教子,要么因反抗包办婚姻抑郁而终,如她继母的妹妹翠姨。没有人告诉她要怎么做,她一路跌跌撞撞,只有一个目的:不想做那个大家都希望她做的人。

她的家族以及她父亲的社会地位都要求她嫁给汪恩甲,尽管她也曾对汪抱有过希望,但希望破灭之后她便义无反顾逃婚而去。与她分分合合的那些男人成为后来人们议论她风流韵事的素材,事实上她只是在寻找温暖和爱,即便那些爱都未能长久。

我们无法用一般的道德观念评判萧红成年以后的私生活,包括她怀着汪恩甲的孩子与萧军相恋,生下孩子之后又将孩子遗弃,后来怀着萧军的孩子再与端木蕻良相恋乃至结婚,据说这个孩子生下三天就死了,而"萧红本人反应冷淡,说死了就死了吧,这么小要养大也太不容易"[①]。可以说,她把符合常规的仁义道德踩在脚下碾碎,才可以彻彻底底地摆脱父权对她的控制。她对待爱情和人生的方式堪称莽撞,她甚至采用了最极端、最激烈的方式,于是就有了那些堪称惊世骇俗的风流韵事。我们读《呼兰河传》时会觉得里面的小姑娘跟林海音的《城南旧事》里的小英子是那么相像,都是一样的纯真善良。然而成年以后的她反抗得那么彻底,甚至连自己的孩子都可以抛弃,不禁令人怀疑她心中是否真的有爱。

我们合理猜测,萧红所有的这些行为也是自欺。她用她所有离经叛道的行为告诉家庭也告诉世人,她是那个她所不是的人。人们认为她的行为中常常看不到爱,又或者爱了这个又爱那个。事实上,萧红是一个永远向往美好生活的人,她常说:"人不应该生活得美一些吗?应该美一点!"[②]萧红始终是一个有爱的人,在寻找爱与温暖的路上,她从未停下脚步。萧红最长久的爱是在

---

① 季红真:《萧红大传》,北京:人民文学出版社,2021 年,第 481 页。

② 转引自骆宾基:《呼兰河传·序》,北京:人民文学出版社,2018 年,第 3 页。

她的笔下,在她的文字里。她像萨特一样,在祖父的启蒙下与文字结缘,然后与写作相伴一生。她说:"一写东西,个人生活上的一些不愉快,就都忘了。"[①]骆宾基说萧红在身体极度虚弱的时候还在不停地写,《小城三月》就是她在病榻上连着两晚写就的。萧红并非自虐,只是对她来说,写作才是她一生所爱,是她自我救赎的途径,更是彼岸。

至此,我们方能理解,萧红对这一切并没有不甘,因为她为自己做出的每一个选择都是向着最初的那个谋划前进,向着她短暂生命里始终在寻找的爱和温暖前进。

---

① 转引自骆宾基:《呼兰河传·序》,北京:人民文学出版社,2018 年,第 3 页。

结　语

　　萨特的传记批评属于作家研究范畴的一种文学批评方法。该理论主张探究作家对命运的选择，进而达到理解作家的生命轨迹及其创作动机的目的。萨特传记批评理论以萨特的存在主义理论体系为基础，认为"存在先于本质"和"自由选择"等论断适用于所有人，所以作家与写作之间的关系并非宿命，而是作家为自己选择的人生道路。

　　萨特传记批评的方法是存在主义精神分析法。萨特在批判继承传统的精神分析理论的基础上，同时接纳了马克思主义的部分理论，力图找到更加适合阐释个体命运的理论方法。存在主义精神分析法重点研究个体的童年，具体方式是通过渐进－逆退法不断从个体的成年向童年进行回顾式分析，还原出个体所经历的原始危机，以及个体因此做出的原始选择和原始谋划。因此，萨特的存在主义精神分析尽可能回避了传统精神分析学将一切归因于"力比多"和无意识的刻板做法，同时在认可个体与群体的共性的基础上，最大限度挖掘了造成个体命运的特殊性和非普遍性的原因。此外，萨特的传记批评理论主张传记批评是一种审美活动，是批评家（传记作家）与研究对象（传主）之间相互理解和对话的过程，这一观点体现了萨特理论向着主体间性的迈进。

　　萨特的三部传记批评作品深刻揭示了三位法国作家童年时期所经历的不同的原始危机，这些原始危机的起因各不相同，而三位作家都采取了自欺的方式来对抗这一危机，这一特殊的心理机制使他们在与原始危机对抗的同时，获得了自我解救的途径。因此，自欺是超越，是帮助个体向着一个又一个谋划前进的生存策略。

　　萨特传记批评方法从理论根源到批评实践形成了完整的理论体系，对于丰富传记创作方法和文学批评方法都有重要的参考价值。传记文学作为一种特殊的文学门类,在我国有着悠久的历史。从司马迁的《史记》和班固的《汉书》,到当代传记文学经久不衰的创作热潮,我国的传记文学出现了众多优秀传世的作品。与此同时,各个时期的传记作家从创作经验出发,建立形成了相对完整的理论体系。随着中外学术交流的日益深入,传记文学理论逐渐从传记创作中独立出来,中外理论的彼此借鉴与融合也同时为传记创作提供了更多的方法支持。其中,文人传记作为中华传记文学门类下的一个分支,日渐发挥了其作为文学批评方法的重要作用。

以此为前提,在完成萨特传记批评理论的梳理研究之后,本书论证了该理论对我国传记创作和传记批评的借鉴作用。同时选择了中国现代派女作家萧红作为研究对象,借助萨特理论进行试验性解读。本书以《呼兰河传》为主要研究素材,从萧红成年以后的人生经历回溯她童年遭遇的原始危机,揭示她反抗父权和旧式伦理道德的原始谋划。同时,萧红和写作之间的关联,与萨特笔下的三位作家相同,他们都将写作视作超越的途径,是实现个人选择的有效方法。

本书采取了理论归纳、文本细读以及对比研究的方法,尽可能全方位体现萨特传记批评理论的内涵、外延及其对传记创作和文学批评的重要意义,特别是对中国传记创作与作家研究的借鉴功能。

中国传记文学是一个博大丰富的文学门类,笔者仅限于从宏观视角把握其发展脉络,对诸多优秀传记作品缺乏深入理解,因而在本书中未能详尽论述萨特理论在实际运用中是否会遇到瓶颈的问题。再者,受篇幅限制,本研究对萧红的解读是局部式的,分析和论证围绕原始危机、原始谋划和自欺等关键词展开,对传主生平细节关注不够,用以解释萧红所有人生事件的因果关系有可能会显牵强。本研究本着抛砖引玉的态度,希望后来者能在此基础上或展开批判或加以完善,共同为我国传记文学创作和传记批评理论的建构与发展贡献绵薄之力。

参考文献

中文著作

班固:《汉书》卷六二,《司马迁传》,北京:中华书局,1962 年。

陈兰村主编:《中国传记文学发展史》,北京:语文出版社,2012 年。

陈兰村、叶志良:《20 世纪中国传记文学论》,天津:天津人民出版社,1998 年。

冯克诚:《精神分析学说与〈精神分析导论〉选读》,北京:中国环境科学出版社,
　2006 年。

季红真:《萧红大传》,北京:人民文学出版社,2021 年。

李长之:《鲁迅批判》,北京:北京出版社,2003 年。

林贤治:《漂泊者萧红》,北京:人民文学出版社,2009 年。

全展:《中国当代传记文学概观》,哈尔滨:黑龙江人民出版社,2004 年。

沈志明主编:《萨特文集》第 7 卷,北京:人民文学出版社,2005 年。

孙茂山主编:《萧红研究:萧红身世考》,哈尔滨:哈尔滨出版社,2003 年。

王成军:《传记诗学》,北京:新华出版社,2016 年。

萧红:《呼兰河传》,北京:人民文学出版社,2018 年。

萧红:《生死场》,哈尔滨:黑龙江人民出版社,1980 年。

谢有顺:《铁凝评传·总序》,郑州:郑州大学出版社,2005 年。

晏红:《鲁迅:20 世纪文学泰斗》,成都:四川人民出版社,2005 年。

杨春时:《作为第一哲学的美学:存在、现象与审美》,北京:人民出版社,2015 年。

杨正润:《传记文学史纲》,南京:江苏教育出版社,1994 年。

叶君:《从异乡到异乡:萧红传》,北京:中国社会科学出版社,2009 年。

俞樟华:《中国传记文学理论研究》,长沙:湖南文艺出版社,2000 年。

赵白生:《传记文学理论》,北京:北京大学出版社,2003 年。

赵山奎:《精神分析与西方现代传记》,北京:中国社会科学出版社,2010 年。

朱立元:《当代西方文艺理论》,上海:华东师范大学出版社,2005 年。

中国传记文学学会:《传记文学新近学术文论选》,北京:中国青年出版社,2011 年。

中国传记文学学会:《传记传统与传记现代化:中国古代传记文学国际学术研
    讨会论文集》,北京:中国青年出版社,2012 年。

中文期刊文献

曹蕾:《存在主义精神分析法对自我的解释:评萨特自传〈词语〉》,《荆楚理工学
    院学报》2011 年第 8 期。

陈淇:《萨特存在精神分析法文学批评初探》,《外国文学研究》1989 年第 3 期。

冯汉津:《试论存在精神分析法文学批评的理论与实践》,《上海社会科学院学
    术季刊》1985 年第 4 期。

黄忠晶:《简析萨特传记作品的特点》,《辽东学院学报(社会科学版)》2007 年
    第 4 期。

江龙:《永远的童年:对萨特"拯救"情结的精神分析学描述》,《湘潭大学社会科
    学学报》2001 年第 4 期。

刘晖:《从圣伯夫出发:普鲁斯特驳圣伯夫之考证》,《外国文学评论》2008 年第
    1 期。

柳鸣九:《严酷无情的自我精神分析:萨特自传:〈文字的诱惑〉》,《外国文学研
    究》1990 年第 1 期。

梅涛:《存在精神分析法文学批评:萨特和"波德莱尔"》,《法国研究》1986 年第
    4 期。

倪梁康:《早期现象学运动中的特奥多尔·利普斯与埃德蒙德·胡塞尔:从移
    情心理学到同感现象学》,《中国高校社会科学》2013 年第 3 期。

倪梁康:《胡塞尔的交互主体性现象学》,《中山大学学报(社会科学版)》2014
    年第 3 期。

吴超、王秉:《心理创伤评估学的创建研究》,《中国安全生产科学技术》2016 年

第 8 期。

肖厚德:《伊波利特·泰纳》,《法国研究》1991 年第 1 期。

萧厚法:《萨特存在精神分析法与文学批评》,《法国研究》1987 年第 4 期。

许菁频:《近二十年中国文化名人传记丛书述评》,《文艺评论》1998 年第 5 期。

张立群、闫冬妮:《"萧红传"的文献史料问题论析:以类型化和历史化为线索》,
　　《南都学坛(人文社会科学学报)》2019 年第 6 期。

赵山奎:《传记文学的移情问题探讨》,《国外文学》2005 年第 1 期。

周金生:《从精神分析到存在主义:"存在主义精神分析"简介》,《社会科学》
　　1988 年第 11 期。

中文译著

(美)埃里希·弗罗姆,许俊达等译:《精神分析的危机:论弗洛伊德、马克思和
　　社会心理学》,北京:国际文化出版公司,1988 年。

(法)菲利普·勒热讷,杨国政译:《自传契约》,北京:生活·读书·新知三联书
　　店,2001 年。

(德)伽达默尔,洪汉鼎译:《诠释学Ⅰ:真理与方法》,北京:商务印书馆,2010 年。

(德)伽达默尔,孙周兴等译:《德法之争:伽达默尔与德里达的对话》,上海:同
　　济大学出版社,2004 年。

(德)马丁·海德格尔,陈嘉映等译:《存在与时间》,北京:商务印书馆,1987 年。

(法)梅洛一庞蒂,姜志辉译:《知觉现象学》,北京:商务印书馆,2001 年。

(法)萨特,周煦良等译:《存在主义是一种人道主义》,上海:上海译文出版社,
　　1988 年。

(法)萨特,林骧华等译:《辩证理性批判》,合肥:安徽文艺出版社,1998 年。

(法)萨特,施康强译:《波德莱尔》,北京:北京燕山出版社,2006 年。

(法)萨特,陈宣良等译:《存在与虚无》,北京:生活·读书·新知三联书店,
　　2007 年。

外文文献

André MAUROIS, *Aspects de la biographie*, Paris, Grasset, 1930.

Betty CANNON, *Sartre et la psychanalyse*, Paris, PUF, 1993.

Bilel SALEM, *Sartre, Crtique des poètes*, http://theses.univ-lyon2.fr/documents/lyon2/2014/salem_b.

Elisabeth ROUDINESCO et Michel PLON, *Dictionnaire de la psychanalyse*, Paris, Fayard, 2006.

Gustave FLAUBERT, *Correspondance*, Tome II, Paris, Nizet, 2001.

Jean GENET, *Miracle de la rose*, Paris, Gallimard, 1946.

Jean LAPLANCHE et J.-B. PONTALIS, *Vocabulaire de la psychanalyse*, Paris, Presse universitaire de France, 1988.

J.-F. LOUETTE, *Silences de Sartre*, Toulouse, Presses Universitaires du Mirail, 2002.

J.-P. SARTRE, *Baudelaire*, Paris, Gallimard, 1963.

J.-P. SARTRE, *Situations IX*, Paris, Gallimard, 1972.

J.-P. SARTRE, *Situations X*, Paris, Gallimard, 1976.

J.-P. SARTRE, *L'Idiot de la famille*, *Gustave Flaubert de 1821 à 1857*, Paris, Gallimard, 1988.

J.-P. SARTRE, *Saint Genet, comédien et martyr*, Paris, Gallimard, 2006.

Joseph CATALANO, *Reading Sartre*, Cambridge, Cambridge University Press, 2010.

Josette PACALY, *Sartre au miroir*, Paris, Klincksieck, 1980.

Maxime DU CAMP, *Souvenirs littéraires* (1882—1883), Paris, Aubier, 1994.

Michel CONTAT et Michel RYBALKA, «Visage», *Les écrits de Sartre*, Paris, Gallimard, 1970.

Michel CONTAT et Michel RYBALKA, «Sur L'Idiot de la famille», *Le Monde*, 17 avril 1971. Repris dans «Entretiens sur moi-même», *Situations X*, Paris, Gallimard, 1976.

Michel RYBALKA，«Comment peut-on être Flaubert ?»，*Le Nouvel Observateur*，17 mai 1971.

Patrick LABARTHE，*Baudelaire et la tradition de l'allégorie*，Genève，DROZ，1999.

Philippe HODARD，*Sartre：entre Marx et Freud*，Bruxelles，Jean-Pierre Delarge，1979.